**iPhone
333 Supertricks**

iPHONE
333 *SUPERTRICKS*
Features, Gesten und versteckte Funktionen, die Zeit sparen

STEPHAN WIESEND

INHALTSVERZEICHNIS

iPhone einfach einstellen

- 10 Supertricks für alle Lebenslagen
- 12 Entsperren durch Anheben
- 13 Suchen mit Spotlight
- 14 Apps wechseln und beenden
- 15 15 versteckte Optionen fürs Kontrollzentrum
- 16 Mausersatz: Das Trackpad
- 17 Vorschau im Sperrbildschirm
- 18 Beste Farben Tag und Nacht
- 19 Automatische Ordnernamen
- 20 Autokorrektur (de)aktivieren
- 21 Text vervollständigen
- 22 Tippen mit einer Hand
- 23 Große, dicke Schrift
- 24 Siri für Diktate benutzen
- 25 Siri aktivieren per Befehl
- 26 AirDrop für große Dateien
- 27 Notizen: Passwort und Fotos
- 28 Vorbereitung zum Verkauf ...
- 29 ... und Hilfe bei Systemfehlern
- 30 Rückgängig? iPhone schütteln!
- 31 Health-App als Schrittzähler
- 32 Wasserwaage & Superrechner
- 33 Dateien suchen & verwalten
- 34 Wallet: Elektronische Tickets
- 35 Zahlencode und Notruf
- 36 Zwei-Faktor-Verschlüsselung
- 37 Leselampe oder Flutlicht?
- 38 Eigene Vibrationsmuster
- 39 Texte & Menüs vorlesen lassen
- 40 Vier unterschätzte Dienstprogramme
- 41 Große Symbole, großer Text
- 42 Notizen: Tabellen erstellen
- 43 Notizen: Tabellen bearbeiten
- 44 Notizen: Dokument scannen ...
- 45 ... und bearbeiten
- 46 iPhone X: neue Gesten
- 47 iPhone X: Face ID verwenden
- 48 3D Touch: Peek & Pop-Funktion
- 49 iPhone: Die Gesten
- 50 3D Touch konfigurieren
- 51 3D Touch oder AssistiveTouch?
- 52 **Hey Siri! 30 nützliche Befehle für den Alltag**
- 53 **Extra: 15 Tipps für mehr Akku-Laufzeit**

Sicher surfen mit Safari

- 56 **Supertricks fürs Surfen**
- 58 Vier wichtige Voreinstellungen zum Surfen
- 59 Werbeblocker für Safari
- 60 Leseliste und Lesezeichen
- 61 Leseliste offline nutzen
- 62 Home-Bildschirm: Lesezeichen
- 63 Favoriten nutzen & verwalten
- 64 Tabs öffnen und verwalten
- 65 Alle offenen Tabs schließen
- 66 Webadressen teilen & kopieren
- 67 Webversion: Mobil, Desktop, App
- 68 Offene Seiten anderer Geräte
- 69 iPhone ohne iPhone – Webversionen von Apps
- 70 Dokumente freigeben
- 71 Webseite als PDF speichern
- 72 3D Touch: Webseitenvorschau
- 73 3D Touch: Vorschau & speichern
- 74 Webseite speichern & mailen
- 75 Webseitentext markieren
- 76 Webseite teilen per App
- 77 Online: Sicherheit & Vorsicht
- 78 Surfen im Privat-Modus
- 79 WLAN: Offen ist unsicher
- 80 Der iCloud-Schlüsselbund
- 81 Mein iPhone suchen
- 82 Banking: Per Mobilfunk?
- 83 Backup: iCloud oder iTunes?
- 84 VPN: Geo-Sperren & Sicherheit
- 85 Das iPhone als WLAN-Router
- 86 Safari-Alternative: Firefox
- 87 Safari-Alternative: Chrome
- 88 Webseite durchsuchen
- 89 **Hey Siri! 20 schnelle Safari-Suchbefehle**
- 89 **Extra: 10 Tipps, wenn Safari nicht will!**

Das Kamera-Komplettpaket

- 92 **Super Kamera-Tricks**
- 94 Kopfhörer als Fernauslöser
- 95 Kamera superschnell starten
- 96 Abkürzung zur Kamera
- 97 Nie wieder verwackelte Fotos
- 98 Superfotos mit HDR
- 99 HDR-Fotos mit Backup
- 100 Fotos markieren & bearbeiten
- 101 Live Photo: Drei Super-Effekte
- 102 Live Photos Richtig einstellen
- 103 Live Photo: Der Beste Moment!

104	Zifferblatt & Sperrbildschirm
105	Fotos aufpeppen mit Filtern
106	Effekt-Filter ohne Reue
107	Selfies: Besser mit Abstand
108	Selfies: Besser mit mehr Licht
109	Der perfekte Bildaufbau
110	Digitaler Zoom oder Beschnitt?
111	Blitzlicht: Auto oder aus?
112	Autofokus & Belichtung fixiert
113	Helligkeit manuell einstellen
114	Quadratisch gute Fotos!
115	RAW: Geheimtipp oder Unsinn?
116	Videos: AE/AF-Sperre nutzen
117	Blitz als Videolicht nutzen
118	Vier Nützliche Adapter (& Co.) für Multimedia
119	Hohe Bildqualität versenden
120	Richtung im Panoramamodus
121	Noch mehr Effekte für Videos
122	iPhones mit Tele: Näher ran
123	iPhone Plus & iPhone X: Neue Porträt-Optionen!
124	Kein Ärger im Porträt-Modus
125	Kein Ärger bei Videos mit Tele
126	Vier Varianten, Fotos & Videos ...
127	... auf dem TV anzusehen
128	Extra: 20 Tipps für tolle Fotos und Videos
129	Hey Siri! 20 Befehle für Fotografen
129	Extra: Super-Packliste für Fotos & Videos

iMessage, Musik & Multimedia

132	Supertricks für Social Media & Kommunikation
134	Die Musik-App-Bedienoberfläche erklärt
135	Keine Apple Music-Werbung
136	Lautstärke prüfen
137	Eine Playlist erstellen
138	Equalizer ja, Songtexte jein
139	Musik per iCloud-Mediathek
140	Geheimtipp: Podcasts-App
141	Kopfhörer als Fernbedienung
142	Musik über Timer beenden
143	E-Mail-Anhänge: ZIP & Co.
144	Mail: Markieren & archivieren
145	Mail: Filter für die Anzeige
146	Backup von WhatsApp & Co.
147	iCloud-Speicher aufräumen
148	iTunes-Store: Abos beenden

149	Liste aller gekauften Apps
150	iMessage: Effekte & Grafiken
151	iMessage: Lesebestätigungen
152	iMessage als SMS versenden
153	Nachrichten aufs iPad leiten
154	Kurznachricht mit Tapback
155	Kurznachricht mit Emojis
156	iPhone X: Animojis nutzen
157	Animoji-Clips: Teilen & längere
158	Chats suchen & verwalten
159	Schnell mailen & messagen
160	Automatik-SMS auf Anruf
161	„Nicht Stören" & Ausnahmen
162	Super GSM-Code-Sammlung
164	Video per USB/AirDrop senden
165	LED-Blitz als Anrufsignal
166	Karten: Route weiterleiten
167	Live Photos in FaceTime
168	**Hey Siri! 15 Befehle für Multimedia**
168	**Hey Siri! 15 Befehle für Kommunikation**
169	**Extra: 10 Tipps fürs iPhone als Medienplayer**

Hilfe

172	Stichwortverzeichnis

iPHONE EINFACH EINSTELLEN

87 Supertricks zu:

Entsperren, Spotlight, Apps, Kontrollzentrum, Trackpad, Sperrbildschirm, Displayfarben, Ordnernamen, Autokorrektur, Textersetzung, Einhandtastaturen, Schriftgröße, Siri, AirDrop, Notizen, Verkauf, Schrittzähler, Wasserwaage, Dateien, Wallet, PIN, Notruf, Vibrationsmuster, Vorlesefunktion, Tabellen, Scans, Face ID, Peek & Pop, 3D Touch, die besten Siri-Alltagsanfragen und Tipps zur Akkulaufzeit

SUPERTRICKS FÜR ALLE LEBENSLAGEN

iPhones sind Kalender, Kamera, Navi, Uhr, Notizblock, Sekretär, MP3-Player für Musik und Podcasts, Zeitung, Taschenrechner, Portemonnaie, Aktienticker, Wetterfee, Fitnesstracker, Internetbrowser, Mailprovider, Taschenlampe ... und telefonieren kann man damit auch. Jedes Jahr spendiert Apple per Update seinen Nutzern neue Funktionen und Apps.

Mit der Vielfalt kommt die Unübersichtlichkeit. Was geht? Was ist möglich? Und wo versteckt sich die Einstellung? Ob Anfänger oder langjähriger Nutzer: In diesem Buch finden Sie über 333 Tipps und Tricks für ein Gerät, in dem viel drin steckt – viel mehr als Sie dachten.

Die fehlende Tastatur hat den Erfolg des iPhones nicht nur nicht behindert, der Touchscreen und die markante, runde Home-Taste darunter waren wohl eher die Grundlage. Heute ist Apple eines der weltweit erfolgreichsten Unternehmen und liefert mit dem iPhone das bekannteste und meistverkaufte Smartphone-Modell weltweit. Ist zwar ein Smartphone-Touchscreen kein ideales Texteingabegerät, bietet es dafür aber eine unglaubliche Flexibilität: Man kann Elemente antippen, über Streich- und Wischbewegungen in alle Richtungen zwischen Menüs wechseln und mit Daumen und Zeigefinger Kneif- und Spreizbewegungen durchführen.

EIN KNOPF: Die Touchscreen-Revolution

Kurz nach der ersten Vorstellung des iPhones fragte man den damaligen Microsoft-Chef Steve Ballmer, was er von Apples neuem Produkt halte: Er lachte und meinte, es würde sicher ein Flop werden: Es sei viel zu teuer und habe ja nicht einmal eine richtige Tastatur! Vor allem im letzten Punkt hatte er sich völlig geirrt.

FESTER DRÜCKEN: 3D Touch

Die Funktion 3D Touch hat Apple mit dem iPhone 6s eingeführt. Das Display eines iPhones kann hierbei drei verschiedene Druckstärken erkennen: ein Fingertippen, einen normaler Druck und einen festen Druck – das ermöglicht ganz neue Bedienoptionen. Schade: Nicht alle iPhones können diese Funktion nutzen, so unterstützt etwa das beliebte iPhone SE kein 3D Touch.

3D TOUCH: PEEK & POP

MIT DER FUNKTION „nachgucken und hervorholen" tippen (und halten) Sie bspw. fest auf einen Link in einer Mail. Ein Safari-Vorschaufenster taucht auf und zeigt den Inhalt. Jetzt haben Sie drei Möglichkeiten:

- **Loslassen** und zu Mail zurückkehren.
- **Noch fester tippen** und Safari öffnen.
- **Bei unverändertem Druck** nach oben wischen für neue Optionen (Übungssache).

SIRI: **Die digitale Sprachassistentin**

Viel Aufsehen erregte Apple mit der Einführung von Siri, einer Sprachassistenten mit künstlicher Intelligenz. Mit Amazons Alexa, Googles Sprachassistenten und Microsofts Cortana hat Siri mittlerweile starke Konkurrenz bekommen, noch immer ist Siri aber eine der großen Stärken des iPhones.
Das Problem: Um Siri effizient zu nutzen, muss man dem System die richtigen Fragen stellen: Woher soll man wissen, dass Siri etwas zu Bundesligaergebnissen, Flugverbindungen, Katzenvideos, Ihren Lieblingssongs und dem Termin mit Tom weiß? In jedem Kapitel finden Sie deshalb eine beispielhafte Übersicht an Siri-Befehlen: praktische Fragen für die Websuche, die Organisation von Anrufen oder Hilfe beim Fotografieren und Musik hören.

KEIN KNOPF: **iPhone X und Face ID**

Eine große Stärke der iPhones war immer die vertraute Bedienung: Seit dem ersten Modell war die kreisrunde Home-Taste das zentrale Bedienelement. Ab Modell iPhone 5s beherbergte der Button zudem den Fingerabdrucksensor. Mit dem iPhone X (sprich: iPhone ten) gab es die große Neuerung: Die Home-Taste verschwand und mit Face ID gibt es einen Nachfolger für das Anmeldesystem Touch ID.
Mittlerweile gibt es dutzende Berichte und mehr oder weniger witzige YouTube-Videos, wie man das neue Anmeldesystem Face ID „überlisten" kann: Ist der angeklebte Bart zu groß oder die Sonnenbrille verspiegelt, kommt der Infrarotsensor von Face ID ins Trudeln.
In der Praxis hat sich die Technologie aber als zuverlässig und robust erwiesen. Es dauert nur knapp eine Minute, damit das Gesicht vom Kamerasystem „eingelesen" wird, dann ist das Gesicht gespeichert und wird laufend aktualisiert. Das System ist außerdem sehr sicher.
Die fehlende Home-Taste erfordert aber auch neue Gesten und Tipps: So ruft ein Streichen nach oben den Home-Bildschirm auf, falls Sie sich mal in einer App verlaufen haben. Das Kontrollzentrum rufen Sie dagegen mit einer Streichbewegung vom rechten oberen Bildschirmrand herunter auf. Das sind intuitive Gesten, die Sie nach kurzer Zeit automatisch nutzen.

ENTSPERREN DURCH ANHEBEN

Sanfter Einstieg: Einstellungen > Allgemein > Bedienungshilfen > Home-Taste > Zum Öffnen Finger auflegen.

Anheben aktivieren Sie unter Einstellungen > Anzeige & Helligkeit.

TOUCH ID STATT DRÜCK ID: Wenn Sie wollen, müssen Sie die Home-Taste nicht jedes Mal durchdrücken. Ist die Handauflege-Option aktiv, wird Ihr Fingerabdruck schon bei bloßer Berührung des Sensors erkannt.

SUPERSCHNELL IM BLICK: Möglich ist das Entsperren in einer Sekunde, wenn Sie Touch ID verwenden und zusätzlich Bei Anheben aktivieren einschalten. Für Dritte bleibt Ihr iPhone natürlich zuverlässig gesperrt.

SUCHEN MIT SPOTLIGHT

Suchfunktion aktivieren: Auf dem Home-Bildschirm kurz nach unten streichen.

Die Spotlight-Suche eingrenzen können Sie hier: Einstellungen > Siri & Suchen.

SIMPEL SUCHEN: Die Suchfunktionen Spotlight und Siri sind jetzt kombiniert. Sie können einen Suchbegriff wie „test" eintippen – und Spotlight durchsucht Dokumente, Apps, Nachrichten, Mails und viele weitere iPhone-Daten.

ZU VIEL DES GUTEN? Die Trefferliste ist nach Kategorien und Apps aufgeteilt. Ganz unten können Sie den Begriff sogar im Internet suchen. Blenden Sie selten genutzte Apps aus der Anzeige aus, für mehr Übersichtlichkeit!

APPS WECHSELN UND BEENDEN

VON APP ZU APP SPRINGEN Sie schnell per Programmwechsler. Die anderen Apps bleiben dabei im Hintergrund aktiv, einmal dort eingegebene Daten im Eingabefeld. Aber: Je mehr geöffnete Apps, desto langsamer Ihr iPhone!

APPS, DIE ÄRGER MACHEN oder solche, die neu starten sollen, wischen Sie nach oben weg zum Beenden. Beim iPhone X werden Apps so nur minimiert. Zum echten Beenden: länger auf die App tippen > rotes Minus.

15 VERSTECKTE OPTIONEN FÜRS KONTROLLZENTRUM

SIE AKTIVIEREN das Kontrollzentrum durch Wischen vom unteren Bildschirmrand nach oben. Beim iPhone X wischen Sie von der rechten Bildschirmecke aus nach unten. Unter Einstellung > Kontrollzentrum können Sie entscheiden, ob Sie auf das Kontrollzentrum auch Zugriff haben wollen

- vom Sperrbildschirm und
- von Apps aus.

Weiter, unter Steuerelement anpassen, erweitern Sie das Kontrollzentrum um interessante Zusatzfunktionen:

- **Apple TV Remote:** Nutzer des Apple TV starten damit eine optionale Fernbedienungs-App.
- **Bedienungshilfen-Kurzbefehle:** Die für Menschen mit körperlichen Einschränkungen gedachten Bedienungshilfen rufen Sie mit diesem Button auf.
- **Beim Fahren nicht stören:** Wichtig für Autofahrer – Sie erhalten nach Aktivierung keine ablenkenden Nachrichten mehr.
- **Bildschirmaufnahme:** Der Bildschirm-Rekorder erstellt ein Video von Bildschirmaktionen – etwa wenn Sie eine neue App auf YouTube vorstellen wollen.
- **Geführter Zugriff:** Wollen Sie Ihren Kindern nicht das iPhone oder iPad verbieten, aber deren App-Auswahl einschränken, ist dieser Modus interessant. Dadurch können etwa nur bestimmte Apps aktiv sein – z.B. ein Lernprogramm.
- **Lupe:** Auf Knopfdruck öffnet sich die iPhone-Kamera mit aktivem Digitalzoom.
- **Notiz:** Die Notizen-App öffnet sich auf Tastendruck mit einer neuen Notiz.
- **Sprachmemos:** Nach Druck dieses Buttons öffnet sich die für Sprachaufnahmen zuständige App.
- **Stoppuhr:** Über diesen Button landen Sie direkt in der Stoppuhr-Funktion.
- **Stromsparmodus:** Durch das Reduzieren der Leistung und Abschalten vieler Funktion sparen Sie hier Strom.
- **Textgröße:** Bei System-Apps wie Safari und Mail können Sie die Textgröße frei einstellen.
- **Wallet:** Sie starten mit dieser Funktion die App Walle – ein Tool für Flugtickets und ähnliche Dokumente.
- **Wecker:** Bestimmen Sie abends in letzter Minute Ihre erste Minute für morgen früh.

MAUSERSATZ: DAS TRACKPAD

Will ein Mac-Anwender aktuelle Windows-Titel spielen will, hat er einige Kröten zu schlucken: Unter PC-Gamern gerade topaktuelle Titel kommen oft erst Jahre später auf die Mac-Plattform, viele Spiele-Fans nutzen deshalb Bootcamp für Spiele. Das zweite Probleme: Viele M... bieten nur eine integrierte Grafikk... ... für aktuelle Titel vie...

Wie ein März...

Auf Tastatur tippen und halten > Finger mit Cursor zur Position schieben.

Wie ein Märchen klingt da das Versprechen, man könne einfach Rise oft the Tomb Raider auf seinem alten Macbook Air von 2012 spielen - oder Playersunknowns Battlegrounds, The Witc... weitere Titel.

Dies kann aber...
Geforce Now f...
erfolgreich erfü...
bedienbar: Der M...
den knapp 100 MB gro...
über den Spiele-Anbieter S... oder

3D Touch: Bei gedrücktem Finger noch fester drücken: 1 x für Wort, 2 x für Satz, 3 x für Absatz.

BLANKE TASTEN ohne Buchstaben bedeutet, dass Sie erfolgreich im Trackpad-Modus sind (ab iPhone 6). Schieben Sie den Cursor per gedrücktem Finger ohne Fummelei dorthin, wo der Tippfehler sitzt – fast wie mit einer Maus.

TEXT MARKIEREN SIE, wenn Sie bereits an der richtigen Stelle sind, mit einem zweiten, noch festeren Druck. Etwas Übung ist für diese praktische 3D Touch-Funktion aber nötig: Beim Loslassen wird der Modus sofort beendet.

VORSCHAU IM SPERRBILDSCHIRM

SIE WARTEN auf eine wichtige Nachricht? Auf Wunsch sehen Sie die E-Mails oder WhatsApp-Nachrichten schon im Sperrbildschirm – sobald Sie Ihr iPhone anheben. Die Größe der Blase, also die Textlänge, bestimmen Sie selbst.

ÜBER DIE SCHULTER kann jeder mitlesen. Unter Mitteilungen können Sie die Funktion für Apps einzeln aktivieren – oder nur auf dem entsperrten Gerät zulassen. Der iPhone X-Bildschirm aktiviert sich dank Face ID nur bei Ihnen.

BESTE FARBEN TAG UND NACHT

Die Nachtschicht starten Sie unter Anzeige & Helligkeit > Night Shift.

Klappt unter Anzeige & Helligkeit > True Tone.

DANK NIGHT SHIFT können Nachtarbeiter besser einschlafen. Blaues Displaylicht stört den Schlafrhythmus – ist Night Shift aktiv, ändert sich der Farbton des Bildschirms abends zu einem wärmeren, roten Farbton.

MIT TRUE TONE passt sich der Bildschirm Ihres iPhones (ab iPhone 8) an das Umgebungslicht an. Betrachten Sie auf Ihrem iPhone etwa Fotos bei gedimmtem, gelbstichigem Raumlicht, erscheinen diese trotzdem in den besten Farben.

AUTOMATISCHE ORDNERNAMEN

App per Drag-and-drop auf eine andere ziehen, dann erstellt sich von selbst ein Ordner.

Aktien auf Wallet ziehen erzeugt automatisch den Ordner **Finanzwesen**.

MEHR PLATZ auf dem Home-Bildschirm bekommen Sie, wenn Sie mehrere Apps in Ordnern zusammenfassen. Ordner zeigen kleine Mini-Icons ihrer Apps an. Ein Tippen öffnet den Ordner, dann öffnen Sie ganz normal die App.

IHRE EIGENE ORDNUNG in allen Ehren, aber Apple hat da was vorbereitet: Schieben Sie Apps gleichen Themas übereinander, wird der Unterordner automatisch benannt. Klappt mit vielen thematisch ähnlichen Apps.

AUTOKORREKTUR (DE)AKTIVIEREN

Autokorrektur deaktivieren geht unter Einstellungen > Allgemein > Tastatur.

Auch nicht schlecht: 2 Leerzeichen = Punkt.

SCHNELLER TIPPEN können Sie durchaus mit der Autokorrektur. Komisch wird es aber, wenn diese in der Nachricht unbemerkt ein Wort durch ein völlig falsches ersetzt. Passiert Ihnen das öfter? Dann einfach ausschalten!

KONTROLLE IST BESSER: Wo die Autokorrektur macht, was sie will, unterstreichen Rechtschreibprüfung und Wortvorschläge die Wörter nur rot – Sie entscheiden. Der Auto-Großschreibung können Sie blind vertrauen.

TEXT VERVOLLSTÄNDIGEN

Antippen und die Telefonnummer wird eingefügt.

Zeit sparen mit Kürzeln: Einstellungen > Allgemein > Tastatur > Textersetzung.

KÜNSTLICHE INTELLIGENZ ist doch nützlich! Während Sie tippen, rät iOS bereits, was Sie vorhaben. Die Vorschläge basieren auf früheren Nachrichten, Kontaktdaten und Ihrem Kalender. Klappt auch mit Ihrer Telefonnummer.

FÜR FLOSKELN wie „Mit freundlichen Grüßen" schreiben Sie einfach mfg, den Rest erledigt Ihr iPhone. Solche Textersetzungen können Sie sich selbst definieren. Aus „iks" wird so etwa: „Ich komme etwas später."

TIPPEN MIT EINER HAND

Ein wenig ist Twitter daran schuld: Um trotz beschränkter Zeichenzahl einen Link zu veröffentlichen, wurden Kurzlinks wie von Bit.ly, Shorten, t.cn oder Google immer beliebter. Aktuell gibt es gerade in Facebook und anderen Diensten geradezu eine Flut an Phishing-Attacken über diese praktischen Link-Verkürzer. Woher weiß man aber, ob ein solcher Link nicht zu einer Phishing oder Spam-Seite

> Globus/Smiley tippen und halten
> **linke oder rechte Minitastatur** wählen.

Unter Tastatureinstellungen kann man weitere Sprachen festlegen. **Inklusive Rechtschreibprüfung!**

NUR LANGFINGER können die Bildschirmtastatur bei den aktuellen Riesendisplays einhändig bedienen. Für alle anderen gibt es die **Verkleinerungsfunktion**. Damit schrumpft die Tastatur an den linken oder rechten Rand.

DAUERHAFTE EINHAND-TIPPER stellen Ihre Spezial-Tastatur über **Einstellungen > Tastaturen** als Standard ein. Wer lieber mit beiden Daumen auf der normalen Tastatur tippt, bekommt quer gehalten noch größere Tasten.

GROSSE, DICKE SCHRIFT

Apps, die dynamischen Text unterstützen, passen sich an die unten festgelegte Lesegröße an.

Einstellungen > Anzeige & Helligkeit > Textgröße: Wählen Sie per Schieberegler die Größe.

Größere Textgrößen sind in den Einstellungen für Bedienungshilfen verfügbar.

Wirkt sich auf alle Textelemente aus – hier in Mail.

KLEINE DÜNNE SCHRIFT ist elegant, große Schriftzeichen sind aber unterwegs und bei hellem Sonnenlicht einfach besser zu lesen. Sie können auf Ihrem iPhone einfach nach Ihrem Geschmack die Darstellung anpassen.

DIE SCHRIFTGRÖSSE ist nicht die einzige Option. Zusätzlich können Sie hier mit Fetter Text eine dickere Schriftdarstellung wählen. Noch stärker wirkt Anzeige, (ab iPhone 6s): dadurch werden alle Elemente vergrößert.

SIRI FÜR DIKTATE BENUTZEN

SIRI SCHREIBT MIT, wenn Sie keine Hand frei haben. Und das in verschiedensten Apps! Tippen Sie in einer App aufs Mikrofon-Symbol der Bildschirmtastatur und sprechen Sie. Das Diktat beenden Sie mit Tippen auf Fertig.

APPLE HORCHT MIT – denn das Internet ist Pflicht, wenn Sprache in Text umgewandelt wird. Im Unterschied zum Google Assistenten verspricht Apple aber, keine Tondateien zu speichern und auf Ihre Privatsphäre zu achten.

SIRI AKTIVIEREN PER BEFEHL

„Hey Siri!" Den eingeblendeten Fragetext können Sie per Tippen **editieren**.

Unter Einstellungen > Siri & Suchen die Funktion Für Siri Home-Taste drücken aktivieren. Unter Sprachfeedback > Nur Freisprecheinrichtung.

SPRICH, SIRI! Als Standard meldet sich die digitale Sprachassistentin Siri auf Zuruf und liest die Antwort auf Ihre Frage laut vor. Statt „Hey Siri" zu rufen, können Sie auch länger die **Home-Taste** drücken.

STILL, SIRI! So mancher Werbung gelang der Clou, Sprachassistenten per Werbespot anzusprechen. Schalten Sie den Zuruf aus, klappt der Start nur per Home-Taste. Auch Antworten werden ggf. **nur auf dem Bildschirm** angezeigt.

AIRDROP FÜR GROSSE DATEIEN

AirDrop aktivieren: Allgemein > AirDrop. Wichtig: Bluetooth und WLAN auf beiden Geräten aktivieren!

Für jeden ist nicht ratsam. Der Empfang muss bestätigt werden, aber unbedacht kann so Ungewolltes auf dem iPhone landen.

MEGASCHNELL übertragen Sie mit AirDrop große Dateien. Unterstützt werden zwar nur Macs und andere iOS-Geräte, große Videos oder ganze Spielfilme lassen sich so aber sehr schnell, sicher und bequem versenden.

DIREKTVERBINDUNG: AirDrop geht, ohne Hochladen-Runterladen-Umweg, direkt zum anderen Gerät. Das macht die Funktion so rasend schnell. Werfen Sie aber im Rausch der Geschwindigkeit nicht die Sicherheit über Bord.

NOTIZEN: PASSWORT UND FOTOS

Tipp auf Teilen-Symbol > Notiz sperren > **Schloss-Symbol** antippen.

Tipp aufs Plus-Symbol startet die Kamera.

SENSIBLES können Sie mit einem Passwort schützen. Erstmalig müssen Sie das Passwort (und eine Merkhilfe) festlegen, danach wird eine Notiz (ent)sperrt per Schloss-Symbol. Passwort verwalten: Einstellungen > Notizen > Passwort.

EIN BILD SAGT MEHR als 1 000 Worte. Daher können Sie in der Notizen-App auch Aufnahmen in eine Notiz einfügen. Nehmen Sie ein Foto auf, landet es in der offenen Notiz – und zusätzlich in der Kamera-Bibliothek.

27

VORBEREITUNG ZUM VERKAUF...

OB VERKAUF ODER PROBLEM: Zuerst sollten Sie immer Ihre Daten sichern. Das Backup in der iCloud geht auf Knopfdruck. Achtung: Die Daten einiger Apps müssen Sie separat sichern, etwa die von WhatsApp.

PASSWORT PARAT HABEN – es wird noch mehrmals abgefragt, wenn Sie sich abmelden. Hatten Sie zusätzlich eine Apple Watch gekoppelt? Dann entkoppeln Sie sie in der Watch-App > Meine Uhr > i > Apple Watch entkoppeln.

… UND HILFE BEI SYSTEMFEHLERN

3. Sonderfall: Unter Einstellungen > Nachrichten iMessage deaktivieren.

4. Zurücksetzen: Einstellungen > Allgemein > Zurücksetzen > Alle Inhalte & Einstellungen löschen.

PERFEKT Erscheint beim Einschalten iPhone konfigurieren, haben Sie's geschafft.

WECHSELN SIE zu einem Android-Smartphone, kann dies zu Problemen beim SMS-Empfang führen. Löschen Sie in diesem Fall auch bei Apples Nachrichtendienst iMessage Ihre iPhone-Registrierung.

SO GUT WIE NEU wird Ihr iPhone, wenn Sie es in den Auslieferungszustand zurücksetzen – also alles löschen. Ist iPhone suchen noch aktiv, sind nochmals Apple-ID und Passwort nötig sowie der Geräte- bzw. Einschränkungscode.

RÜCKGÄNGIG? iPHONE SCHÜTTELN!

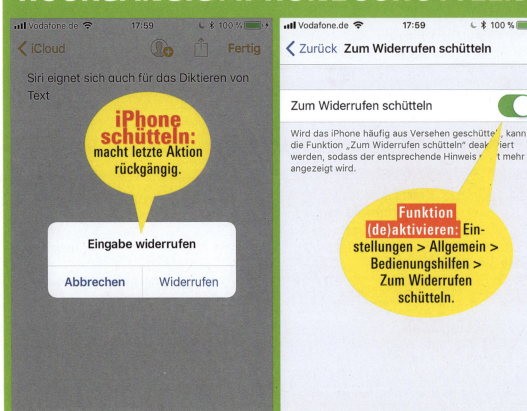

SHAKE IT, BABY! Hat man sich gerade bei einem Wort vertippt oder etwas versehentlich gelöscht, geht ein Schüttler schneller als die Fummelei in den Optionen. Die „Geste" macht die letzte Aktion rückgängig. Gut festhalten!

SOGAR MEHRERE SCHRITTE rückgängig machen funktioniert. Beim zweiten Schütteln sieht man die Option: Eingabe wiederholen. Jogger mit Musik vom iPhone sollten die Option besser deaktivieren – sonst wird es nervig.

HEALTH-APP ALS SCHRITTZÄHLER

1 000 Schritte tun: Die App **Health** zählt ihre Laufleistung.

Die App ist im Standard aktiv. Ausschalten geht hier: Einstellungen > Datenschutz > Bewegung & Fitness > Health.

MÜDE BEINE, Aussicht keine? Nach dem Joggen kann Ihr iPhone Ihnen zumindest zeigen, wie viele Schritte Sie gelaufen sind. Obendrauf gibts die Strecke in Kilometer und die beim Treppensteigen erzielten Stockwerke.

ÜBERWACHUNG auf Schritt und Tritt? Die Daten bleiben auf dem iPhone. Eigentlich werden nur die kleinen Erschütterungen beim Gehen gemessen – bzw. geschätzt. Und für Profisportler sind die Messdaten viel zu ungenau.

WASSERWAAGE & SUPERRECHNER

Kompass-App antippen > von rechts nach links wischen > Wasserwaage.

Finger-streich von rechts nach links löscht die letzte Zifferneingabe.

In der Waagerechten zeigt sich die Rechner-App im Wissenschaftsmodus.

DAS BILD HÄNGT SCHIEF ... Echtes Handwerkszeug ersetzt Apples Wasserwaage nicht, aber für Kleinigkeiten im Haushalt wie das Ausrichten von Bildern, Regalen und wackeligen Tischen ist die Funktion gut zu gebrauchen.

MIT EINER 90°-DREHUNG aktivieren Sie den wissenschaftlichen Modus des Rechners. Neben sin, cos und tan bietet der Rechner im Horizontalmodus darüber hinaus auch Funktionen zum Wurzelziehen.

DATEIEN SUCHEN & VERWALTEN

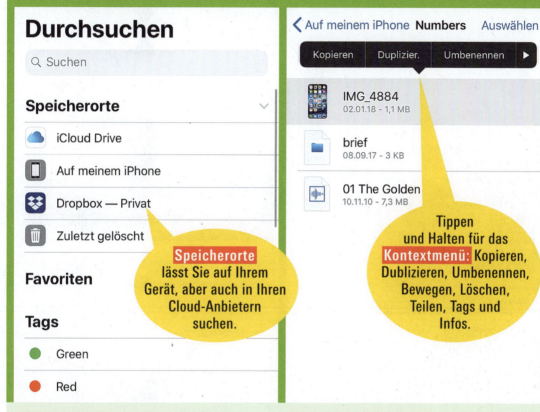

DIE NEUE APP DATEIEN lässt Sie all Ihre Daten suchen – lokal und in Ihren Clouds. Wenn Sie lieber nach Ihren Favoriten oder speziellen Bezeichnungen (Tags) suchen – etwa „Familie" oder „Italien" –, geht das auch hier.

WAS PASSIEREN SOLL mit der Datei und welche Tags Sie bisher hat, das entscheiden Sie über das Kontextmenü. Drei Optionen sehen Sie sofort, die übrigen verstecken sich hinter dem Pfeil nach rechts.

WALLET: ELEKTRONISCHE TICKETS

NETTE NOSTALGIE, aber eigentlich brauchen Sie keine Bordkarte mehr. Beim Einchecken am Flughafen reicht eine maschinenlesbare Grafik. In der App Wallet können Sie auch Kinokarten, DB-Tickets und Gutscheine nutzen.

AUCH VERGESSENE TICKETS gehören der Vergangenheit an. Oft können Sie das Ticket gleich aus der E-Mail in Wallet hinzufügen. Zeit- und ortsbasierte Infos gibts obendrauf, etwa eine Warnung bei Abflug oder Verspätung.

ZAHLENCODE UND NOTRUF

WARUM EINFACH, wenn es auch sicher geht? Statt der 6-Ziffern-PIN könnten Sie zwar auch auf 4 Ziffern umsteigen – die sind aber schneller geknackt. Ultimative Sicherheit bietet ein alphanumerischer Code wie „erx8khx9".

EIN NOTRUF RETTET LEBEN – deshalb kann man auch ohne PIN die Rettung rufen. Auf dem Sperrbildschirm ist dazu unten links der Notruftelefon-Button für 112 und 110. Ist die Zeit knapp: Notruf-SMS mit Standort senden!

ZWEI-FAKTOR-VERSCHLÜSSELUNG

Der Code wird nur auf das von Ihnen authentifizierte Gerät geschickt.

Unter Einstellungen > Apple-ID > Passwort & Sicherheit die **Zwei-Faktor-Authentifizierung aktivieren**.

iPHONE ALS BÜRGE: Sollte ein Hacker irgendwie an Ihre Passwörter gelangt sein, kann diese Authentifizierung **Gold wert** sein. So kann niemand von einem unbekannten Gerät auf Ihr iCloud-Konto zugreifen.

ABSICHERN FÜR DIE EWIGKEIT: Überlegen Sie genau, ob Sie die Authentifizierung aktivieren. Nur von Ihnen authentifizierte Geräte haben Zugriff auf Ihre Daten. **Achtung:** Deaktivieren können Sie die Absicherung nicht mehr.

LESELAMPE ODER FLUTLICHT?

NUR DIE LESELAMPE BITTE! Das LED-Blitzlicht der Kamera als Taschenlampe zu verwenden ist der Klassiker. Soll es etwas dezenter sein, etwa weil Sie Schlafende nicht stören wollen, können Sie die LED hier herunterdimmen.

HELL, HELLER, NOCH HELLER! Per 3D Touch, also kräftigem Druck auf das Taschenlampen-Symbol, stehen Ihnen vier Helligkeitsstufen zur Verfügung. Praktisch: Ihr iPhone merkt sich Ihre letzte Einstellung.

EIGENE VIBRATIONSMUSTER

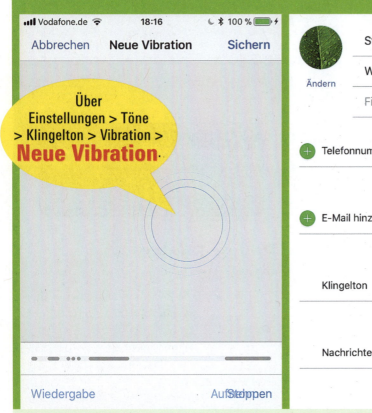

Über Einstellungen > Töne > Klingelton > Vibration > Neue Vibration.

Unter Kontakte > Name des Kontakts > Bearbeiten > Klingelton zuweisen den Rhythmus für einen Anrufer einstellen.

DUN-DUN-DUUUN! Vibrationen kündigen fast lautlos neue E-Mails, Nachrichten oder Anrufe an. Legen Sie sich eigene Vibrationsmuster an! Tippen auf die Eingabefläche bestimmt Dauer, Ort und Rhythmus der Vibration.

DER SCHON WIEDER! Statt der Standardmuster können Sie spezielle Vibrationen für Ihre Freunde kreieren. Empfehlenswert sind eine Melodie oder ein bestimmter Takt. So wissen Sie ohne Hinsehen, wer gerade geschrieben hat.

TEXTE & MENÜS VORLESEN LASSEN

Unter Einstellungen > Allgemein > Bedienungshilfen > Sprachausgabe die Optionen Auswahl sprechen und Bildschirminhalt sprechen aktivieren.

Vorlesen: Mit 2 Fingern vom oberen Bildschirmrand nach unten streichen.
Nur für Webseiten: Tippen und halten > Text markieren > Sprechen.

GANZ OHNE SIRI liest das iPhone Ihnen den Bildschirminhalt – also Menüs und Optionen – und markierten Text vor, etwa in einer E-Mail. Unter Stimmen wählen Sie Deutsch, jetzt müssen Sie nur noch ein Sprachpaket herunterladen.

ES KLINGT ETWAS HÖLZERN, aber es funktioniert. Im eingeblendeten Menü gibts Optionen für langsamer und schneller (Schildkröte und Hase), Pause, Skippen und Abbrechen der Lesefunktion. Der Linkskeil minimiert das Menü.

VIER UNTERSCHÄTZTE DIENSTPROGRAMME

1. Aktien: Interessant für Wertpapierbesitzer. Unten stehen auf Wunsch aktuelle Wirtschaftsnachrichten. Per Antippen wechselt die Anzeige zwischen Prozent, Kurs und Marktkapitalisierung.

2. Wetter: Die Wettervorhersage ist kein Geheimnis. Weiter unten in der Anzeige stehen aber noch interessante Zusatzinfos wie Sonnenauf- und -untergang, Luftdruck, UV-Index usw.

3. Sprachaufnahme: Schnell eine Sprachnotiz aufgenommen? Dann kann man hier auch gleich Anfang und Ende beschneiden oder einen ausgewählten Bereich als separate Datei speichern.

4. Uhr: Neben Stoppuhr, Weltzeituhr, Wecker und Timer gibt es jetzt auch „Schlafenszeit": Ein erweiterter Wecker speziell für Arbeitstage, der ans Zubettgehen statt ans Aufstehen erinnert.

GROSSE SYMBOLE, GROSSER TEXT

Anzeigezoom wird aktiviert unter Einstellungen > Allgemein > Bedienungshilfen > Anzeigezoom > **Vergrößert**.

Große Schrift stellen Sie unter Einstellungen > Anzeige & Helligkeit > **Textgröße** ein.

FÜR ÄLTERE AUGEN sind Menüs, Schriften und Symbole oft zu klein. Bei neueren iPhones kann man deshalb den Modus Anzeigezoom aktivieren, der eine niedrigere Bildschirmauflösung simuliert – also alles größer darstellt.

BESSER ALS EINE LUPE, die man immer verschieben muss, ist eine konstant größere Schrift. Diese Einstellung sorgt dafür, dass die Schriftgröße systemweit größer dargestellt wird. Sogar kompatible Apps machen mit.

NOTIZEN: TABELLEN ERSTELLEN

SEIT iOS 11 kann die Notizen-App mit Tabellen umgehen: Die Option versteckt sich hinter dem Symbol links. Als Standard wird eine Tabelle mit 2 Spalten und 2 Zeilen angelegt. Los gehts: Füllen Sie sie mit Text oder Zahlen!

TABELLE ZU KLEIN? Tippen Sie in eine Zelle. Sofort blenden sich zwei kleine Anfasser mit 3 kleinen Punkten ein. Tippen Sie auf einen der Anfasser, um wahlweise Spalten oder Zeilen hinzuzufügen oder zu löschen.

NOTIZEN: TABELLEN BEARBEITEN

DIE TABELLE UNTERSTÜTZT Textstile wie fett, kursiv und unterstrichen für markierte Textteile. Zum Markieren wie gewohnt tippen und halten – und dann mit den kleinen Anfassern die gewünschte Textmenge auswählen.

FORMELN UND BILDDATEIEN klappen in der Notizen-App leider nicht. Per Numbers-App ist zumindest der Austausch von Text über die Zwischenablage möglich. Nutzen Sie auch Windows, wechseln Sie am besten zu Excel.

NOTIZEN: DOKUMENT SCANNEN ...

1. Notizen öffnen > kleines Plus-Symbol in der Leiste antippen.

2. Tipp auf Dokumente scannen.

ZUM SCANNER IN DER HOSENTASCHE wird das iPhone mit der Notizen-App auch noch. Das Dokument wird abfotografiert und nachträglich so bearbeitet, dass es fast als ordentlicher Scan durchgeht.

VIER OPTIONEN stehen Ihnen zur Verfügung: Dokumente scannen, Foto od. Video aufnehmen, Fotomediathek und Zeichnung hinzufügen. Unter Dokumente scannen verbirgt sich die spezialisierte Aufnahmefunktion.

... UND BEARBEITEN

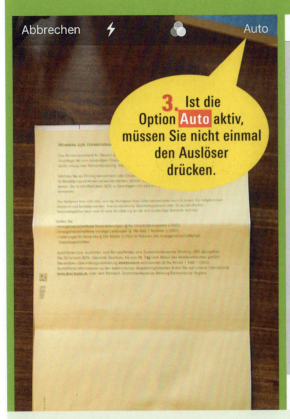

3. Ist die Option Auto aktiv, müssen Sie nicht einmal den Auslöser drücken.

4. Scan ggf. bearbeiten > Exportieren als PDF.

DIE AUFNAHMEFUNKTION nutzt die iPhone-Kamera für das Foto. Die Automatik sorgt dafür, dass die Bildränder beschnitten und Blätter senkrecht ausgerichtet werden. Achten Sie auf dunklen Hintergrund und gute Beleuchtung!

BILDBEARBEITUNG ist meist unnötig, für alle Fälle gibts aber die Funktionen-Leiste am unteren Bildschirmrand: Ränder beschneiden, Scan als s/w- oder Graustufen-Bild speichern – und per Teilen-Option als PDF exportieren.

iPHONE X: NEUE GESTEN

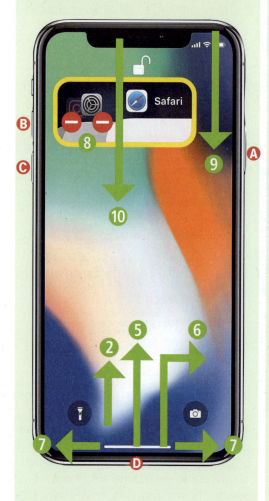

1 Bildschirmfoto: Gleichzeitig *Ein / Aus* Ⓐ und *Lauter* Ⓑ drücken.

2 Einhandmodus: *Einstellungen > Allgemein > Bedienungshilfen*. Per Wisch von unterer Icon-Leiste nach oben aktivieren.

3 Neu starten: Mithilfe der Tastenabfolge von zuerst *Lauter* Ⓑ, dann *Leiser* Ⓒ und dann 10 Sekunden *Ein / Aus* Ⓐ drücken.

4 Ausschalten: Länger *Leiser* Ⓒ und *Ein / Aus* Ⓐ drücken > *Ausschalten*.

5 Zum Home-Bildschirm zurückkehren: Vom unteren Bildschirmrand *nach oben* wischen.

6 App-Übersicht: Auf Home-Bildschirm vom *grauen Balken hoch wischen > nach rechts*.

7 Zwischen Apps wechseln: *Grauen Balken unten* Ⓓ *nach links / rechts* schieben.

8 App beenden: *App-Übersicht > App länger antippen > rotes Minus-Symbol* antippen oder App nun nach oben wischen.

9 Kontrollzentrum: Von *oben rechts herunterwischen*.

10 Benachrichtigungen: Von *oben mittig herunterwischen*. Für Widgets: *anschließend nach rechts* wischen.

11 Siri: Länger auf *Ein / Aus* Ⓐ drücken.

12 Suche: Zwischen Apps kurz wischen.

iPHONE X: FACE ID VERWENDEN

Neuer Bart, neue Brille? Anpassen geht unter Einstellungen > Face ID & Code > Passcode eingeben > Face ID konfigurieren.

Face ID kann noch mehr: z. B. mit einem Blick in iTunes bezahlen und automatisch in Safari Passwörter ausfüllen.

IHR GESICHT ist so einzigartig wie ein Fingerabdruck: Nur Ihr Anblick entsperrt Ihr iPhone X. Face ID erkennt Sie auch mit neuer Frisur – Sie können aber jederzeit Face ID zurücksetzen oder stattdessen nur eine gute alte PIN einrichten.

OHNE NASENKONTAKT: Näher dran als 20 cm klappt nicht. Auch die Deaktivierung der Aufmerksamkeitsprüfung hilft bei Problemen – dann kann aber ein Dritter Ihr iPhone X entsperren, indem er es kurz vor Ihr Gesicht hält.

3D TOUCH: PEEK & POP-FUNKTION

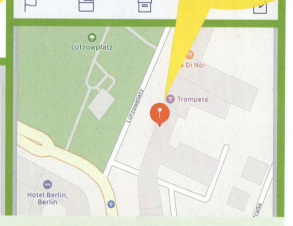

GUCKEN UND AUFPOPPEN lassen: Die Funktion ist toll, aber knifflig. 3D Touch auf den Mail-Anhang blendet eine Vorschau ein, ohne dass Sie Ihre Mail verlassen. Blöd: Zu fest gedrückt, und Sie wechseln die App doch noch ...

WO IST DAS DENN? Ihr iPhone erkennt die meisten Adressen in einer Mail oder Nachricht automatisch. 3D Touch auf eine Adresse blendet den Ort in der Karten-App als Vorschau ein. Gedrückt höherschieben für weitere Optionen.

iPHONE: DIE GESTEN

1 **Screenshot:** *Home-Taste* D + *Ein/Aus* A.

2 **Einhandmodus:** *Einstellungen > Allgemein > Bedienungshilfen*. Nun 2x *Home-Taste* D antippen (nicht drücken).

3 **Neu starten: iPhone 8:** Zuerst *Lauter* B, dann *Leiser* C, dann länger *Ein/Aus*. **iPhone 7:** *Ein/Aus* A + *Leiser* länger drücken. **Ältere Modelle/iPad:** *Ein/Aus* A + *Home-Taste* D 10 Sekunden drücken.

4 **Ausschalten:** Länger *Ein/Aus* A > *Auschalten*.

5 **Zum Home-Bildschirm zurückkehren:** *Home-Taste* D drücken.

6 **App-Übersicht:** 2x kurz hintereinander *Home-Taste* D drücken.

7 **Zwischen Apps wechseln:** In *App-Übersicht* nach links/rechts durch offene Apps wischen > *App antippen*.

8 **App beenden:** In *App-Übersicht* App(s) mit Finger(n) nach oben streichen.

9 **Kontrollzentrum:** Vom *unteren Bildschirmrand hochwischen*.

10 **Benachrichtigungen:** Von *oben herunterwischen*. Für Widgets: *anschließend nach rechts* wischen.

11 **Siri:** Länger *Home-Taste* D drücken.

12 **Suche:** Zwischen Apps kurz wischen.

3D TOUCH KONFIGURIEREN

Einstellungen > Allgemein > **Bedienungshilfen** > 3D Touch.

PERFEKT! Das Testbild hilft bei der **Auswahl** der Druckstärke.

Einstellungen > Allgemein > Bedienungshilfen > **Zoom** aktivieren **sowie Steuerung einblenden aktivieren.**

LEICHT BIS FEST: 3D Touch ist nicht jedermanns Sache, in den **Bedienungshilfen** kann man es daher deaktivieren. Stört nur die vorgegebene Druck-Stärke, können Sie auch eine geringere/stärkere Empfindlichkeit festlegen.

LUPE FÜR DEN BILDSCHIRM: Die nützliche Lupen-Funktion des Systems können Sie per 3D Touch steuern. Haben Sie auch **Steuerung einblenden** aktiviert, können Sie das Lupenfeld per festem Druck (3D Touch) frei bewegen.

3D TOUCH ODER ASSISTIVETOUCH?

Besser als 3D Touch? Einstellungen > Bedienungshilfen > AssistiveTouch aktivieren.

3D Touch auf ein App-Icon > Download priorisieren.

UMFANGREICHE UPDATES und kein Ende in Sicht? Wenn Sie in diesem Moment dringend eine einzelne App benötigen, können Sie deren Aktualisierung vorziehen – per festem Druck auf das App-Symbol (3D Touch).

KOMPLEXE GESTEN – und jetzt noch drücken? Wenn Sie 3D Touch überfordert, versuchen Sie mal AssistiveTouch: ein verschiebbarer Button über dem Bildschirm, hinter dem 6 Tasten für Siri, Kontrollzentrum & Co. stecken.

HEY SIRI! 30 NÜTZLICHE BEFEHLE FÜR DEN ALLTAG

DIE SPRACHASSISTENTIN kann im Alltag hilfreich sein.
Für die Antwort auf eine Frage braucht Siri eine aktive Internetverbindung.

INFORMATIONEN
1. Was sind 65 Meilen in Kilometer?
2. Was ist 9 + 74?
3. Was sind zehn Prozent von 93?
4. Wie viel Trinkgeld soll ich bei 23 Euro geben?
5. In wie vielen Tagen ist Ostern?
6. Nenne eine Zufallszahl / Wirf einen Würfel!

APP-FUNKTIONEN
1. Aktiviere Night Shift!
2. Öffne die iCloud-Einstellungen!
3. Suche nach der App „Keynote"!
4. Öffne Facebook!
5. Aktiviere Flugmodus / WLAN / Bluetooth!

ORGANISATION
1. Neues Event!
2. Erstelle ein Meeting mit Thomas für morgen um 9 Uhr!
3. Wie sieht mein Kalender aus?
4. Wann ist mein nächster Termin?
5. Welche Uhrzeit ist in New York?
6. Wie wird das Wetter morgen?
7. Brauche ich einen Schirm?
8. Wähle 0221 12345!
9. Erinnere mich an Brot, wenn ich zu Hause verlasse! („Zu Hause" muss definiert sein.)

NAVIGATION
1. Wo bin ich gerade?
2. Zeige mir das beste Restaurant in der Nähe!
3. Zeige mir den Verkehr!
4. Navigiere mich mit dem Auto nach Köln!
5. Öffne den Kompass!
6. Zeige eine Tankstelle in der Nähe an!

UNTERHALTUNG
1. Wie hat Bayern München gespielt?
2. Erzähl einen Witz!
3. Was läuft im Kino?
4. Wann ist das nächste Konzert in der Stadtbühne?

EXTRA: 15 TIPPS FÜR MEHR AKKU-LAUFZEIT

KEINE BESCHWERDE hört man öfter als: „Der Akku ist zu schnell leer!" Seltener als an einem defekten Akku liegt es an Stromfresser-Apps, hoher Bildschirmhelligkeit und mehr.

1 Stromsparmodus einschalten: Deaktiviert viele Hintergrunddienste. *Einstellungen > Batterie*.

2 Auto-Helligkeit aktivieren: Dunkelt das Display automatisch ab. *Einstellungen > Allgemein > Bedienungshilfen > Display-Anpassungen*.

3 Display automatisch ausschalten: etwa auf 30 Sekunden setzen. *Einstellungen > Allgemein > Anzeige & Helligkeit*.

4 Display manuell ausschalten: Spart über die Zeit viel Strom. *Ein-/Aus* drücken.

5 Flugmodus aktivieren: Der Superstromsparmodus. Im *Kontrollzentrum* aktivierbar.

6 „Hey Siri"-Zuruf deaktivieren: Hilft v. a. bei älteren iPhones. *Einstellungen > Siri & Suchen > Auf „Hey Siri" achten*.

7 Siris Suchvorschläge deaktivieren: Die sind auch stromhungrig. Bei *Siri & Suchen*.

8 3D-Effekte deaktivieren: Sieht cool aus, frisst aber Strom. *Einstellungen > Allgemein > Bedienungshilfen > Bewegung reduzieren*.

9 AirDrop nur bei Bedarf anschalten: Ihr iPhone sucht sonst stets nach Kommunikationspartnern. Geht im *Kontrollzentrum*.

10 Hintergrundaktualisierung deaktivieren: Gestatten Sie nur manchen oder gar keinen Apps, im Hintergrund ständig Daten auszutauschen. *Einstellungen > Allgemein > Hintergrundaktualisierung*.

11 3G oder LTE ausschalten: So verzichten Sie aber auf Internet unterwegs. *Einstellungen > Mobiles Netz > Mobile Daten*.

12 Weniger Fotos schießen: Oder zumindest *ohne Blitz*, wenn der Akku zu Neige geht. Die gute Kamera zieht kräftig Strom.

13 Mitteilungsanzeige im Sperrbildschirm ausschalten: Das kann ebenfalls ein Stromfresser sein. *Einstellungen > Mitteilungen > Vorschauen zeigen > Wenn entsperrt*.

14 Push-E-Mail ausschalten: Sonst prüft der Mail-Client im Hintergrund ständig den E-Mail-Server nach neuen Nachrichten. *Einstellungen > Accounts & Passwörter*.

15 Automatische Downloads regulieren: Gestatten Sie nur manchen oder gar keinen Apps, sich unterwegs zu aktualisieren. Per WLAN reicht es auch. *Einstellungen > iTunes & App Store > Updates*.

SICHER SURFEN MIT SAFARI

72 Supertricks

zu: Werbeblocker, Leseliste, Lesezeichen, Favoriten, Tabs, Webadressen, Desktopversionen, Apps, Synchronisation, Dokumentenfreigabe, PDFs, Webseitenvorschau, Webseiten teilen, Sicherheit, Privat-Modus, offenem WLAN, iCloud-Schlüsselbund, Online-Banking, Backup, VPN, mobiler Hotspot, Firefox, Chrome, die besten Siri-Safari-Kommandos und Safari-Schnellhilfe

SUPERTRICKS FÜRS SURFEN

„Ich schau mal auf dem iPhone nach" ist zur Selbstverständlichkeit geworden, wenn Sie etwas im Internet nachsehen oder den Wetterbericht abrufen wollen. Eigentlich haben Smartphones beim Surfen viele Defizite wie ein kleines Display und die fummelige Touchscreen-Tastatur. Für eine schnelle Recherche greift aber trotzdem kaum noch jemand zu einem anderen Gerät. Fast schon undenkbar, extra sein Notebook aufzuklappen oder gar den alten Rechner hochzufahren! Zu schnell und bequem hat man die Google-Suche erledigt, eine Nachricht geschickt oder ein Ersatzteil für das defekte Küchengerät bestellt.

Sogar beim Warten an der Supermarktkasse holen immer mehr Leute schon nach zehn Sekunden ihr Smartphone hervor.

HOMESCREEN UND SIRI: Noch bequemer

Mit den Tipps in diesem Kapitel können Sie viele Standardaktionen noch schneller und komfortabler durchführen. Statt immer wieder die Adresse der Lieblings-Webseite einzugeben, können Sie diese bspw. gleich auf dem Home-Bildschirm speichern.

Für das Sammeln wichtiger Artikel gibt es mit der Leseliste eine komfortable Funktion.

Auch für die Recherche auf Google, YouTube und Wikipedia müssen Sie keine langen Suchbegriffe eingeben: Starten Sie Siri und erzählen Sie Ihrer Assistentin, was und wo Sie etwas suchen. Am Ende des Kapitels finden Sie deshalb eine Reihe an Beispiel-Fragen für die Webrecherche mit Siri.

SURFEN IM INTERNET: Safari

Neben dem vorinstallierten Apple-Browser gibt es zwar eine ganze Palette an Alternativen wie Chrome, Firefox und Edge. Vor allem die iOS-Version von Chrome ist eine starke Konkurrenz. Apples Eigenentwicklung Safari kann seinen Konkurrenten aber immer einige Schritte voraus sein. Kein Wunder: Nur der Safari-Browser ist tief in das System integriert und darf einige Tricks mehr nutzen, um die Hardware des iPhones voll auszunutzen.

AUS DEM NICHTS: Speichern in der iCloud

Es gibt unzählige sogenannte Cloud-Dienste, die Speicherplatz im Web anbieten. Apples Dienst iCloud ist zwar weder der schnellste noch der günstigste – 5 GB Speicherplatz sind immerhin kostenlos nutzbar. Kaum ein iPhone-Besitzer kommt allerdings um die Nutzung herum: iCloud ist längst nicht nur ein simpler Speicherdienst, sondern ermöglicht auch den Datenabgleich mit anderen Geräten und komfortable Backups. Immer mehr Systemdienste und Apps greifen auf iCloud zu. Stärke des Dienstes ist aber die Backup-Funktion, so kann ja nur Apples Dienst auf Systemdaten und vorinstallierte Apps zugreifen.

VORSICHT SCHADET NIE: Sicherheit und Schadprogramme

Ihr iPhone ist ein sehr sicheres Gerät, da das System iOS gegen Malware und Spionprogramme gut abgesichert ist. Es gibt zwar immer wieder Sicherheitslücken, im Vergleich zu anderen Systemen wie Windows oder Android ist die Gefahr aber eher gering. Sicherheitslücken stopft Apple meist zeitnah selbst, per iOS-Update. Stark beworben werden dagegen VPN-Dienste, die Internetverbindungen über einen eigenen Server absichern und dadurch ebenfalls für mehr Sicherheit beim Surfen sorgen können. Das Bundesamt für Sicherheit in der Informationstechnik (BSI) empfiehlt etwa die Nutzung von VPN bei unsicheren WLAN-Netzen.

Die Supertricks in diesem Kapitel erklären, wie die Nutzung funktioniert. Für die meisten Heimanwender ist die Anwendung aber unnötig: Im Heimnetz braucht man es nicht. Und anstatt in einem unsicheren WLAN per VPN sicherer zu surfen, sollte man es am besten einfach meiden!

ANTIVIREN-PROGRAMME?

APPLE HAT PROGRAMME, die Viren aufspüren und Sie vor solchen beschützen sollen, aus dem App Store verbannt. Einerseits gelingt es kaum, in das relativ geschlossene Apple-System überhaupt einen Virus hineinzuschmuggeln. Taucht doch einer auf, kümmert sich Apple. Antivirenprogramme von Drittherstellern brauchen für die Überprüfung und Löschung spezielle Zugriffsrechte, die sie auf dem iPhone gar nicht bekommen. Insofern haben Sie praktisch keine Daseinsberechtigung: mangels Zugriffsrechten auf andere Daten konnten sie fast nichts auf dem iPhone überprüfen.

Eine echte Gefahr sind dagegen Spam- und Phishing-Attacken: Auch mit Safari könnten Sie auf Betrugswebseiten landen, die vorgeben eine seriöse Banking- oder Shopping-Seite zu sein. Gegen diese Betrugsversuche hilft die Option Betrugswarnung, gepaart mit Misstrauen und Vorsicht.

Gegen plötzlich auftretende Pop-ups, die ihnen unerwartete Gewinne versprechen, ist in Safari bereits automatisch ein Pop-up-Blocker aktiv.

VIER WICHTIGE VOREINSTELLUNGEN ZUM SURFEN

1. Suche wählen: Unter Einstellungen > Safari > Suchmaschine gibt es 4 zur Auswahl: Google, Yahoo, Bing und DuckDuckGo. Interessant ist: Der letzte Anbieter speichert keine Suchanfragen.

2. Cross-Sitetracking verhindern: Werden Sie von Werbung über mehrere Webseiten verfolgt? Verhindern Sie Cross-Sitetracking, dann löscht iOS viele der Spürhund-Cookies.

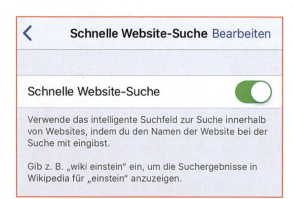

3. Schnelle Website-Suche: Aktivieren Sie die Option für schnelle Ergebnisse. Statt den Artikel zu Italien auf Wikipedia zu suchen, geben Sie in der Safari-Eingabeleiste einfach „wiki italien" ein.

4. Autom. ausfüllen: Ständig Kennwörter einzugeben ist lästig. Safari kann das automatisch – wenn die Option aktiv ist. Beim Familien-iPad/iPhone sollte diese Option aber deaktiviert sein.

WERBEBLOCKER FÜR SAFARI

Ohne Werbebanner: Blenden Sie sie aus, verbrauchen Sie **weniger Datenvolumen!**

In der Werbeblocker-App bei Bedarf **Ausnahmen** anlegen.

BLINKENDE BANNER stören Sie? Werbeblocker wie Adblock Plus oder Crystal aus dem App Store laden und bei Safari > Inhaltsblocker aktivieren. Sorgt für weniger Ablenkung online, schnelle Ladezeit und weniger Datenverbrauch.

WERBUNG ODER IHRE DATEN – Service kostet. Ist Ihnen die Info etwas wert und/oder werden Sie mit aktivem Werbeblocker ausgesperrt, können Sie die Webseiten in eine Ausnahmeliste aufnehmen.

LESELISTE UND LESEZEICHEN

„DAS LESE ICH später!" Finden Sie im Netz oft interessante Artikel, für die momentan keine Zeit ist oder die Sie sich merken wollen? Speichern Sie den Textinhalt in der Leseliste! Verwalten in Safari: Buch-Symbol antippen > Brille.

„DAS GUCKE ICH nach!" Webseiten etwa mit Nachrichten werden andauernd aktualisiert. Hier lohnt sich der abgespeicherte Text weniger als das schnelle Wiederfinden der Adresse. Legen Sie sich in diesem Fall ein Lesezeichen an.

LESELISTE OFFLINE NUTZEN

Einstellungen > Safari > Leseliste > Automatisch offline sichern.

In der Leseliste-Ansicht auf Eintrag nach links wischen > Offline sichern. Oder: Löschen.

BESSER ALS AUSDRUCKEN! In der Leseliste kann man Webseiten komplett speichern. Die Seiten sind dann offline lesbar – selbst dann, wenn die Webseite längst eingestellt ist. Funktioniert aber leider nicht mit allen Seiten.

NICHT ALLES MUSS abgespeichert werden. Wollen Sie nur einzelne Artikel offline nutzen, ist diese Archivierung auch manuell machbar. Außerdem können Sie nach Ungelesene anzeigen filtern und ggf. alte Einträge löschen.

HOME-BILDSCHIRM: LESEZEICHEN

SCHNELL ZU EINER WEBSEITE gelangen Sie per Shortcut auf dem Home-Bildschirm. So müssen Sie nicht erst jedes Mal Safari öffnen. Sie können den Shortcut beim Erstellen benennen – danach aber nicht mehr umbenennen.

BELIEBIG VIELE WEBSEITEN können Sie auf den Home-Bildschirm legen – das wird nur etwas unübersichtlich. Ziehen Sie die Symbole übereinander, um automatisch einen neuen Ordner namens Lesezeichen zu erschaffen.

FAVORITEN NUTZEN & VERWALTEN

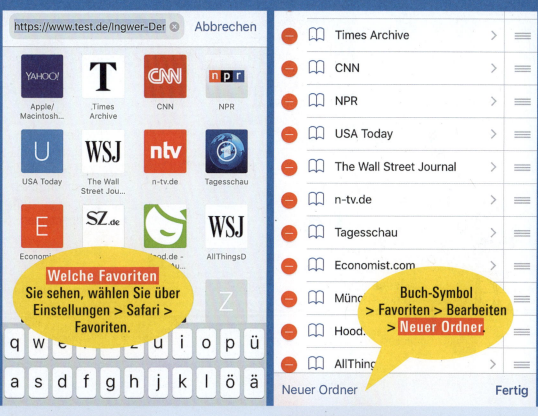

Welche Favoriten Sie sehen, wählen Sie über Einstellungen > Safari > Favoriten.

Buch-Symbol > Favoriten > Bearbeiten > Neuer Ordner.

ALLE IHRE FAVORITEN samt Icon sehen Sie in der Übersicht, sobald Sie in die Adresszeile tippen. Sie sehen sie auch bei neuen Tabs und Suchen. Tippen und Halten Sie sie für Reihenfolge verändern, umbenennen und löschen.

ORDNUNG MUSS SEIN, auch bei Favoriten. In Safari kann man deswegen auch diese in Unterordnern gruppieren. In einem neuen, leeren Tab werden dann nur wenige Icons angezeigt – und die verschiedenen Ordner.

TABS ÖFFNEN UND VERWALTEN

LÄNGER TIPPEN: Statt eine verlinkte Seite direkt zu öffnen, können Sie sie in einem neuen Tab öffnen. Über Einstellungen > Safari > Links öffnen > Im Hintergrund stellen Sie außerdem noch ein, dass sich neue Tabs hinten anstellen.

WIE EIN BUNTER Strauß sieht die Übersicht der offenen Tabs aus. Sie können hier bequem zwischen den offenen Seiten wechseln und die Tabs mit dem X-Symbol schließen. Per Drag-and-drop können Sie die Reihenfolge ändern.

ALLE OFFENEN TABS SCHLIESSEN

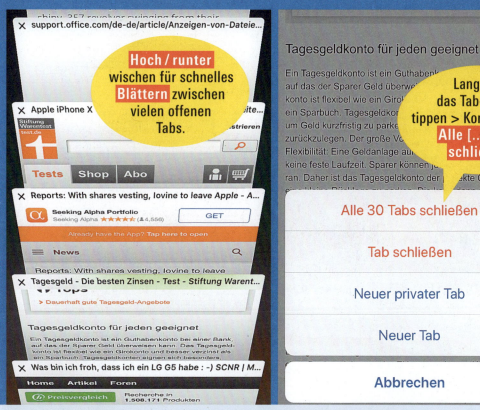

Hoch / runter wischen für schnelles Blättern zwischen vielen offenen Tabs.

Lange auf das Tab-Symbol tippen > Kontextmenü > Alle [...] Tabs schließen.

DEN BLÄTTERWALD vor lauter Webseiten sehen Sie bald nicht mehr, wenn Sie mehrere Dutzend Tabs offen haben. Zu viele offene Tabs bremsen auch ältere iPhones aus. Sie können sie aber alle mit einem Mal schließen.

WISCH UND WEG: Mit einem kurzen Befehl beenden Sie alle offenen Webseiten, was oft Safari spürbar entlastet. Tippen Sie einfach lange auf das Tab-Symbol, dann öffnet sich ein Kontextmenü mit mehreren Optionen.

WEBADRESSEN TEILEN & KOPIEREN

ZEIGEN SIE HER, was Sie gefunden haben! Über die Teilen-Funktion verschicken Sie eine Webadresse bequem per E-Mail, iMessage, WhatsApp usw. an Ihre Freunde. Oder an sich selbst, per Erinnerungen- oder Notizen-App.

GANZ KLASSISCH die Webseitenadresse kopieren klappt natürlich auch. Haben Sie die Webadresse in die Zwischenablage kopiert, können Sie bspw. in eine offene E-Mail wechseln > an die gewünschte Stelle tippen > Einsetzen.

WEBVERSION: MOBIL, DESKTOP, APP

Teilen-Symbol > Desktop-Site anfordern. Funktioniert leider nicht auf allen Webseiten.

Apps sind praktisch, aber nicht zwingend nötig. Öffnen oder Hinweis per X löschen.

UNLESERLICH, aber vollständig: Per Smartphone werden Sie automatisch zur Mobilwebseite umgeleitet. Die „echte" Seite ist nicht für schmale Displays optimiert, bietet dafür aber z. T. mehr Inhalte – etwa Leserkommentare.

WOZU EINE APP, wo es doch Lesezeichen gibt? Die angebotenen Apps bilden tatsächlich nur die Inhalte ab. Trotzdem läuft es in den hauseigenen Apps meist besser als auf der Mobil-/Desktop-Seite. Entscheiden Sie selbst!

OFFENE SEITEN ANDERER GERÄTE

Tabs-Symbol > runterscrollen > Wolken-Symbol > offene Seiten auf den Geräten MacMini & iPad.

Einstellungen > [Ihr Name] > iCloud > Safari > aktivieren – auf allen Geräten.

SPIONFUNKTION oder Komfort? Auf Wunsch sehen Sie auf dem iPhone, welche Webseiten Safari auf Ihren anderen Apple-Geräten geöffnet hat. Praktisch, wenn Sie eine Webseite vom Mac auf dem iPhone weiterlesen wollen.

NUR AUF WUNSCH, ansonsten nicht. Damit die Webseiten Ihrer anderen Apple-Geräte auf Ihrem iPhone zu sehen sind, muss die Funktion in iCloud auf allen Geräten aktiviert sein. Sind Sie skeptisch, schalten Sie die Option nicht an.

iPHONE OHNE iPHONE – WEBVERSIONEN VON APPS

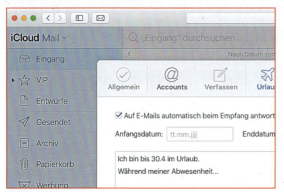

1. Mail: Über *www.icloud.com* haben Sie per PC Zugriff auf viele Apps. Loggen Sie sich mit Ihrer *Apple-ID* ein und legen Sie etwa bequem eine Standardantwort für E-Mails für den Urlaub an.

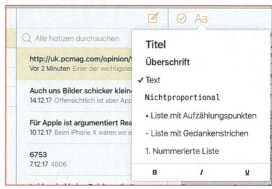

2. Notizen: Per Browser-Version der Notizen-App haben Sie einen schnellen Zugriff auf alle iPhone-Notizen, aber auch auf die Skizzen, gescannten Dokumente und Listen.

3. Kontakte: Auch Ihr iPhone-Adressbuch steht Ihnen online zur Verfügung. Praktisch: die Option *vCard exportieren*, über die man schnell Adressen oder das ganze Adressbuch exportieren kann.

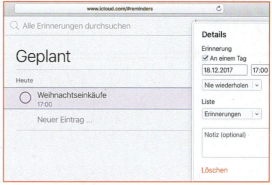

4. Erinnerungen: Wer auf einer echten Tastatur noch immer schneller tippt, kann mithilfe der Browser-Version der Erinnerungen-App lange To-Do- oder Einkaufslisten viel schneller anlegen.

DOKUMENTE FREIGEBEN

Funktion Zusammenarbeit wählen > jemanden einladen per E-Mail, iMessage, AirDrop, sozialen Medien.

PERFEKT! Klappt in Pages, Keynote und Numbers.

AUF GUTE ZUSAMMENARBEIT: Schreibt man gemeinsam an einem iWork-Dokument, kann man Dritte für die Bearbeitung einladen. Das ist etwa bei einem Protokoll, einem Terminplan oder einem gemeinsamen Flyer nützlich.

TEAMARBEIT SCHEITERT manchmal an nicht kompatibler Technik. Das Gute bei dieser Methode: Ihre eingeladenen Freunde und Kollegen brauchen weder Mac noch iPhone, um teilzunehmen, nur einen aktuellen Browser.

WEBSEITE ALS PDF SPEICHERN

Teilen-Symbol > PDF erstellen.

Für die PDF-Ansicht ist keine extra App nötig.

INTERNETAUSDRUCKER, so spottet man über Leute, die ganze Webseiten ausdrucken. Unsinn ist die Sicherung von oft kurzlebigen Webauftritten deswegen nicht. Aber statt Papier macht sich eine Webseite als PDF-Datei besser.

CHAOTEN, so nennt man Leute, die Ihre Ordnung nicht im Griff haben. Das Menü macht es nicht einfacher und bietet nach der Erstellung des PDFs mehrere Optionen an. Eine gute Wahl ist der Ordner Dokumente im iCloud-Ordner.

3D TOUCH: WEBSEITENVORSCHAU

VORSCHAU 1: Mit einem festen Druck auf einen Link können Sie statt des üblichen Kontextmenüs einen Blick auf die verlinkte Webseite werfen. Lassen Sie los, landen Sie wieder auf der Originalseite. Praktisch bei Recherchen!

FINGERSPITZENGEFÜHL ist nötig, denn bei einem zweiten Druck lädt sich die Seite vollständig. Im Vorschaumenü hingegen können Sie die verlinkte Seite in einem Tab öffnen, in der Leseliste speichern, kopieren und teilen.

3D TOUCH: VORSCHAU & SPEICHERN

3D Touch auf Favorit oder Leselisteneintrag > Vorschau auf die Webseite.

3D Touch auf ein Bild > gedrückt nach oben ziehen > Bild sichern / Kopieren.

VORSCHAU 2: Haben Sie längst vergessen, warum Sie den Favorit oder Leselisteneintrag gespeichert haben? Mit einem festem Druck auf den Eintrag blenden Sie kurz eine Webseitenvorschau ein, ohne sie zu öffnen.

EINE VERGRÖSSERTE VORSCHAU der Bilddatei rufen Sie per festem Druck darauf auf. Die zusätzlichen Optionen erreichen Sie per gedrückt Ziehen nach oben. Klappt nur mit Fingerspitzengefühl, sonst lädt die Datei im Browser!

WEBSEITE SPEICHERN & MAILEN

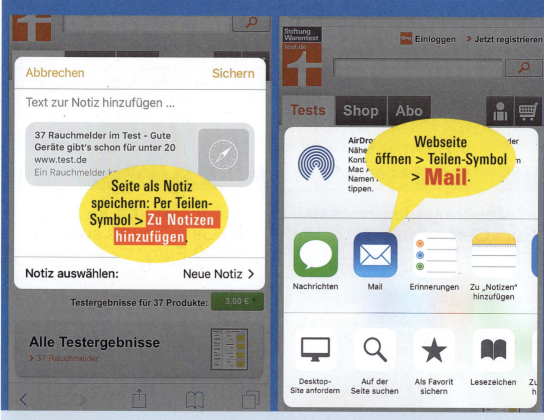

UNSCHEINBAR, aber ungemein nützlich ist die Notizen-App. Nicht ohne Grund ist Safari deshalb mit ihr verknüpft. Einmal dort gespeichert, zeigt der Notizverwalter die Webseite als Link an, inklusive Titel und Vorschaubild.

EINE GUTE ALTE E-MAIL schickt Safari, wenn Sie per Teilen-Funktion auf das Mail-Symbol tippen. Der Betreff ist dabei der Seitentitel, die Webadresse der Nachrichteninhalt. Sie müssen nur noch einen Empfänger angeben.

WEBSEITENTEXT MARKIEREN

DEN AUSGEWÄHLTEN TEXT können Sie in die Zwischenablage Kopieren, einzelne Wörter im iPhone-Wörterbuch oder im Web Nachschlagen; die Option Sprechen liest den Text vor. Der kleine Pfeil ruft weitere Optionen auf.

HINTER DEM PFEIL verstecken sich noch die vertrauten Optionen zum Teilen – etwa per E-Mail – und zum Buchstabieren eines Wortes. Das schwarze Menüband ist verschwunden? Einfach nochmals auf den blauen Text tippen.

WEBSEITE TEILEN PER APP

EINE WEBSEITE SAGT MEHR als 1 000 Worte. Per Teilen-Funktion schicken Sie über Apples Nachrichten-App iMessage die Webseite samt Mini-Vorschaubild an Ihre Kontakte. Darunter ist noch Platz für einen Text von Ihnen.

WER NUTZT SCHON iMessage? Haben Sie weitere Messengerdienste, aber auch Facebook oder Twitter installiert, können Sie diese Apps in der Teilen-Palette auftauchen lassen, ausblenden und die Reihenfolge bestimmen.

ONLINE: SICHERHEIT & VORSICHT

Auf das Schloss-Symbol links neben der Adresse achten.

Einstellungen > Safari > Betrugswarnung. Und dazu eigene Vorsicht.

DAS SCHLOSS-SYMBOL bedeutet Sicherheit: Immer mehr Webseiten haben dank HTTPS eine gesicherte Verbindung. So kann kein Hacker Ihre Daten abfangen. Achtung: Es kann sich trotzdem um eine Betrügerseite handeln!

SAFARI WARNT ZWAR vor Betrügerseiten – diese sind auf einer Online-Datenbank gelistet. So eine Datenbank kann aber nur auf bereits bekannten Seiten basieren. Nagelneue Betrugsseiten erkennt Safari meist (noch) nicht.

SURFEN IM PRIVAT-MODUS

Schwarzer Hintergrund: **Privat-Modus aktiv**.

Zur Aktivierung in der Tab-Übersicht: **Privat**

SIE HABEN ETWAS zu verbergen? Gut! Der Privatmodus verhindert, dass Sie Surfspuren hinterlassen (bspw. Stellensuche oder Partnerbörse), wenn auch Dritte das Gerät nutzen. Aber: Anonym im Netz sind sie damit nicht.

IM AKTIVEN PRIVAT-MODUS können Sie alle Funktionen von Safari nutzen. Beenden Sie den Modus, werden von dieser Sitzung alle Cookies und Anmeldedaten gelöscht, ebenso der Browserverlauf und Sucheingaben bei Google.

WLAN: OFFEN IST UNSICHER

KLINGT SUPER, ist es aber nicht. In Netzwerke ohne Schutz kommen Sie ohne Passwort rein – aber Hacker auch. Achten Sie auf die Meldung Ungesichertes Netzwerk. Auch das ältere WPA-Sicherheitsprotokoll ist ungenügend.

EINEM GESCHENKTEN GAUL sollten Sie trotzdem ins Maul schauen. Denn der Netzwerkname ist frei wählbar – jeder kann sich bspw. „Telekom" nennen. Senden Sie sicherheitshalber nichts Sensibles im offenen WLAN.

DER iCLOUD-SCHLÜSSELBUND

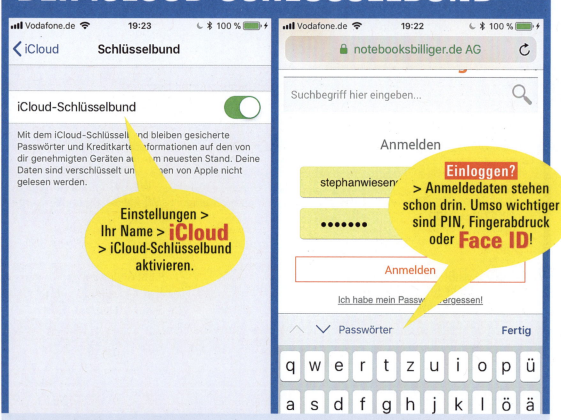

PASSWÖRTER BRAUCHEN SIE sich nicht mehr merken – das übernimmt der iCloud-Schlüsselbund. Alle Anmeldedaten werden gespeichert und beim erneuten Besuch automatisch ausgefüllt, wenn die Option aktiv ist.

DER iCLOUD-SCHLÜSSELBUND wird über Apples Server abgeglichen und auf Ihre anderen Geräte übertragen. Aber keine Sorge, Apple selbst hat keinen Datenzugriff. Jedes Gerät schalten Sie einzeln per Apple-ID/per SMS frei.

MEIN iPHONE SUCHEN

iPhone geklaut?
> **iCloud.com**
> anmelden > orten.
Klappt nur, wenn das iPhone an ist.

Einstellungen >
[Ihr Name] > iCloud > Mein iPhone suchen > **alles deaktivieren beim Verkauf**.

NA WARTE! Die Ortungsfunktion ist nützlich, wenn Ihr iPhone gestohlen wurde – aber auch, wenn sie es verlegt haben. Via iCloud.com können Sie es orten und alles löschen, es sperren oder zum Wiederfinden einen Signalton starten.

WARTE MAL! Die Funktion ist ein guter Schutz und macht gestohlene iPhones so gut wie nutzlos. Vor dem Verkauf müssen Sie die Option allerdings deaktivieren, sonst hat der Käufer wenig Freude am neuen Gerät.

BANKING: PER MOBILFUNK?

Nutzen Sie unterwegs Online-Banking, ist ein offenes WLAN zu unsicher.

WLAN aus: Im Kontrollzentrum vom unteren Bildschirmrand nach oben wischen. **iPhone X:** von rechter Ecke aus nach unten wischen.

ONLINE-BANKING IST SICHER, eine echte Sicherheitslücke stellen dabei eher offene WLAN-Netzwerke dar. Ein gewisses Restrisiko, dass Hacker Zugriff auf Ihre Kreditkartendaten oder Ihr Bankkonto erhalten, besteht immer.

WENN SCHON UNTERWEGS Bankgeschäfte erledigt werden müssen, dann am besten per Mobilfunk: Der bietet etwas mehr Sicherheit vor Datenspionen bei einer Überweisung oder einer Bezahlung per Kreditkarte.

BACKUP: iCLOUD ODER iTUNES?

Einstellungen > iCloud > iCloud **Backup.**

Das kostenlose Speicherpaket reicht meist nicht. **Preis der Freiheit: 0,99 €** pro Monat & aufwärts.

iPhone per USB/Bluetooth mit Computer verbinden > ggf. iTunes starten > **Übersicht.**

PER iCLOUD gehts direkt ins Internet. Sobald Ihr iPhone gesperrt ist, im WLAN ist und geladen wird, beginnt die Sicherung. **Aktualisiert werden nur Neuerungen**, also bspw. keine Fotos, die bereits hochgeladen wurden.

AUF WINDOWS UND MACS sorgt Apples Musikverwalter iTunes für Backups. Speicherort ist Ihre Festplatte, ganz ohne Cloud. Praktisch: Per **Backup wiederherstellen** können Sie Ihre Daten schnell auf ein neues iPhone übertragen.

VPN: GEO-SPERREN & SICHERHEIT

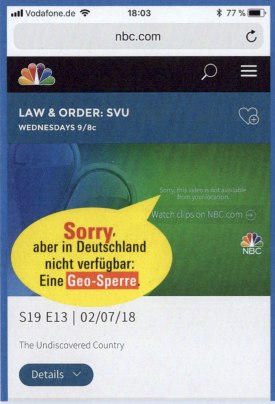

Sorry, aber in Deutschland nicht verfügbar: Eine Geo-Sperre.

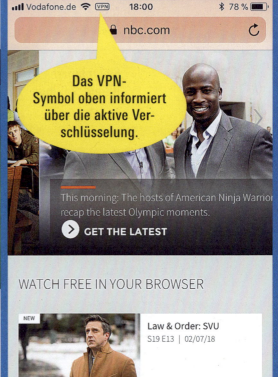

Das VPN-Symbol oben informiert über die aktive Verschlüsselung.

DIENSTE WIE NBC haben bestimmte Inhalte nur in den USA verfügbar. Via VPN tut Ihr Safari so, als würden Sie innerhalb der USA surfen – so können Sie auf die dort angebotenen Inhalte zugreifen – inklusive lästiger Werbespots davor.

FÜR MEHR SICHERHEIT sind VPN-Apps aber ebenfalls gut, da Verbindungen zusätzlich verschlüsselt werden – ohne Geschwindigkeitseinbußen. Dafür reichen kostenlose Apps (Freeware) wie Opera VPN, CyberGhost u.a.

DAS iPHONE ALS WLAN-ROUTER

Einstellungen > Persönlicher Hotspot > aktivieren.

iPhone per USB / WLAN / Bluetooth verbinden > am Notebook Hotspot „iPhone" auswählen > generiertes Passwort eingeben.

ZUM ROUTER IN DER NOT wird das iPhone, wenn Sie unterwegs mit iPad oder Notebook ins Internet wollen. Per Smartphone-Hotspot (auch Tethering genannt) erschaffen Sie ein kleines lokales WLAN fürs Notebook / iPad.

KEIN HEXENWERK, aber auch nicht umsonst: Die Internetanbindung läuft über den Mobilfunk Ihres iPhones – was fürs Surfen und E-Mail völlig ausreicht. Systemupdates auf Notebook bzw. iPad sollten Sie aber stoppen!

SAFARI-ALTERNATIVE: FIREFOX

DER OPEN SOURCE-BROWSER Firefox ist interessant, wenn Sie auf Ihrem Mac oder Windows-PC auch Firefox verwenden. Nach Anmeldung können Sie Lesezeichen und Leseliste synchronisieren und offene Tabs abgleichen.

SCHNÜFFLER AUSSPERREN ist eine Stärke von Firefox. Wenn Sie unter Schutz vor Aktivitätenverfolgung die Option „Immer aktiv" und „Streng" wählen, wird neben Trackern auch lästige Werbung geblockt.

SAFARI-ALTERNATIVE: CHROME

Wenig Kontrolle beim **Datenschutz**: Chrome stammt von **Google**.

Die **3 Punkte** öffnen das Ausklappmenü mit **allen wichtigen Funktionen**.

AN DIE PERFORMANCE von Safari reichen Chrome und Firefox nicht ganz heran – und für den Zugriff auf Dienste wie **Google Tabellen** und **Google Dokumente** gibt es eigene Apps. Auch hier gilt: nur wenn Sie Chrome auch am PC nutzen.

GUTER ZWEIT-BROWSER: Es kommt vor, dass eine Webseite Darstellungsprobleme unter Safari hat. Oft ist sie dann mit dem verbreiteten Chrome benutzbar. **Tipp: Sprachsteuerung** wird ebenfalls unterstützt, etwa bei der Suche.

WEBSEITE DURCHSUCHEN

Tagesgeldkonto für jeden geeignet

Ein Tagesgeldkonto ist ein Guthabenkonto bei einer Bank, auf das der Sparer Geld überweisen kann. Das <mark>Tagesgeld</mark>konto ist flexibel wie ein Girokonto und besser verzinst als ein Sparbuch. Tagesgeldkonten eignen sich besonders, um Geld kurzfristig zu parken und um eine Notfallreserve zurückzulegen. Der große Vorteil von Tagesgeld ist die Flexibilität: Eine Geldanlage auf dem Tagesgeldkonto hat keine feste Laufzeit. Sparer können jederzeit an ihr Geld ran. Daher ist das Tagesgeldkonto der perfekte Ort, um eine kleine Rücklage zu parken. Die kann dann genutzt werden, wenn die Waschmaschine oder der Laptop kaputt geht und kurzfristig Ersatz her muss. Damit vermeiden Sparer, dass sie teure > Dispozinsen ihrer Bank in Anspruch nehmen müs... ...lt daher, ungefähr zwei bis ... ...gesgeldkonto zu parken ... ...anlage weitergeht.

Aktuell im Jan...

Krone schwächelt weiter. Die ... ...edische Einlagensicherung schützt derz... ...cht den für den Fall einer Bankenpleite von der EU ...gegebenen Höchstbetrag von 100.000 Euro pro Spa...

🔍 tagesgeld   2 von 51   Fertig

Suchfeld: tagesgeld   Abbrechen

Von Siri vorgeschlagene Website
Tagesgeldvergleich 12/2017 – Über 100 Banke...
tagesgeldvergleich.net

Google-Suche
🔍 tagesgeld
🔍 tagesgeldkonto
🔍 tagesgeldvergl...
🔍 tagesgeldko...

Lesezeichen und Ver...
Tagesgeld – Die besten ...en – Test – Stift...
test.de

Zinsen – Tagesgeld, F...stgeld und Sparbrief...
test.de

Auf dieser Seite (51 Treffer)

> Teilen-Symbol > Leiste nach rechts wischen > **Auf der Seite suchen**.

> Suchbegriff **in Adressleiste eingeben** > ganz unten: Auf dieser Seite (Anzahl Treffer).

SUCH, SAFARI! Der komplette Text einer Webseite ist durchsuchbar. Das ist bei langen Artikeln sehr praktisch, bei denen Sie eigentlich nur ein bestimmtes Thema interessiert. Mit den Keil-Symbolen **wechseln Sie durch die Treffer**.

SUCH, GOOGLE! Es geht auch anders: Tippt man den Suchbegriff in die Adressleiste ein, sind auch die Anzahl der Treffer gelistet, gleichzeitig darüber aber auch eine kleine Google-Suche mit **verwandten Suchbegriffen**.

HEY SIRI! 20 SCHNELLE SAFARI-SUCHBEFEHLE

1 Öffne Mail!

2 Öffne Safari/Chrome!

3 Öffne Google News!

4 Rufe www.test.de auf!

5 Suche im Internet nach Flugpreisen!

6 Suche bei Bing/Google nach iPhone!

7 Wikipedia-Suche nach iPhone!

8 YouTube-Suche nach Bruce Springsteen!

9 Suche im Web nach iPhone-Bildern!

10 Zeige mir Katzen-Videos!

11 Suche auf Twitter nach Fußball!

12 Zeige die Twitter-Trends!

13 Deaktiviere WLAN!

14 Deaktiviere Mobile Daten!

15 Aktiviere den Flugmodus!

16 Ist WLAN aktiviert?

17 Aktiviere Bluetooth!

18 Sind mobile Daten aktiviert?

19 Zeige die News!

20 Route nach Düsseldorf mit Auto!

EXTRA: 10 TIPPS, WENN SAFARI NICHT WILL!

1 Liegt es nur an der Webseite? Andere Seite testen, etwa *www.google.de*.

2 Hakt Safari? *Programmwechsler öffnen > Safari-App schließen > erneut öffnen*.

3 Zu viele offene Tabs? *Lange aufs Favoriten-Symbol von Safari tippen > alle offenen Seiten schließen*.

4 Hakt Ihr Router? In *Einstellung > WLAN auf Ihrem Router tippen > Lease erneuern*.

5 Klappt es in anderen Browsern? *Chrome öffnen > ausprobieren*.

6 Einmal neu verbinden? *Flugmodus* im Kontrollzentrum ein- und ausschalten.

7 Empfang zu schlecht? Anzahl der Balken von WLAN und Mobilfunk beachten – auch bei mehreren Balken ist der Empfang oft einfach schlecht.

8 Empfang im Innenraum schlecht? Ggf. ins Freie gehen.

9 WLAN/Mobilfunk hakt? WLAN deaktivieren und nur Mobilfunk nutzen – oder umgekehrt.

10 iPhone hakt? iPhone neu starten.

DAS KAMERA-KOMPLETT-PAKET

85 Supertricks zu: Auslöser,
Schnellstart, 3D Touch, Nachtaufnahmen, HDR, Backups, Fotos bearbeiten, Live Photo, Schlüsselfoto, Live-Sperrbildschirm, Filter, Selfies, Bildaufbau, Zoom, Blitzlicht, Autofokus, Helligkeit, Quadratformat, RAW, Blitzlicht, Adapter, Panorama, Videoeffekte, Porträtoptionen, Bildschirmsynchronisation, die besten Siri-Kamera-Komandos und 20 Tipps für bessere Fotos

SUPER KAMERA-TRICKS

Die beste Kamera ist die, die man gerade dabeihat. Und wer verlässt heutzutage noch ohne Smartphone die Wohnung? In unseren Untersuchungen nimmt die iPhone-Kamera traditionell den Spitzenplatz auf der Liste der getesteten Smartphone-Kameras ein – das iPhone X ist keine Ausnahme.

GUTE QUALITÄT: Aus der Hüfte

Aktuelle iPhone-Fotos mit einem iPhone X und selbst einem iPhone SE erreichen die Bildqualität einer guten Kompaktkamera. Ein Vorteil ist der erstklassige Automatik-Modus. Man muss nur noch auf den Auslöser drücken – Belichtung und Farbeinstellung nimmt das iPhone so zuverlässig vor wie modernste Kameras.

Die Art der Fotografie ist außerdem sehr diskret: Fotografiert man mit dem iPhone in der Öffentlichkeit, erregt man weniger Misstrauen als wenn man für jedes Foto das große Objektiv ansetzen und fokussieren muss. Fragen, ob ein Foto erlaubt ist, sollten Sie aber dennoch immer.

Jedes Foto kann darüber hinaus sofort mit Freunden oder der Öffentlichkeit geteilt werden. Für die Vorauswahl übertrifft das hochauflösende Display eines iPhones sowieso bereits die kleinen Kameradisplays um Welten. Innerhalb von Sekunden ist der Schnappschuss per Facebook und WhatsApp verbreitet. Nutzt man iCloud, ist das Foto außerdem automatisch auf allen anderen Geräten verfügbar. Sogar ausdrucken kann man es per AirPrint problemlos – allerdings kommt diese Foto-Veröffentlichung immer mehr aus der Mode.

CAMCORDER: Was ist das?

Auf Familienfesten und anderen Veranstaltungen waren sie früher häufiger zu sehen: Männer mit faustgroßen Camcordern, die konzentriert in ihre kleinen Bildschirme starrten und mehr oder weniger gelungene Heimvideos produzierten. Sieht man von Spezialgeräten wie Action Cams oder Profikameras ab, wurde das Videosegment komplett vom Smartphone und seinen Hobbyregisseuren verdrängt.

Und nicht nur aus reiner Bequemlichkeit – liefern aktuelle iPhones mit 4K doch eine Videoauflösung, die sogar über der eines Blu-Ray-Kinofilms liegt. Auch die Audioqualität ist mehr als ausreichend.

Inzwischen drehen sogar erste namhafte Regisseure manche ihrer Kinofilme komplett mit einem iPhone. Will man eines der riesigen 4K-Videos allerdings in voller Größe veröffentlichen, muss man doch auf einige unserer Tricks zurückgreifen.

BESSER ALS EINE: Zwei Kameras

Die größte Schwäche von Smartphones gegenüber herkömmlichen Kameras war und ist das fehlende Zoomobjektiv. iPhone Plus und iPhone X gleichen dies mit einem zweiten Objektiv aus. Apple bezeichnet dieses zweite Kameramodul als „Teleobjektiv". Aus fotografischer Sicht ist das zwar nicht ganz korrekt, mit 56 mm ist es aber deutlich näher dran am Motiv.

Besonders beim iPhone X ist dieses Zusatzobjektiv aber eine echte Bereicherung und ermöglicht tolle Aufnahmen entfernter Sehenswürdigkeiten, ohne den Digitalzoom allzu stark bemühen zu müssen. Die Doppelkamera der aktuellen Modelle macht auch schöne Porträtfunktionen mit unscharfem Hintergrund möglich – fast wie bei einer echten Spiegelreflexkamera. Einige Ratschläge sollte man aber beachten.

LOB AUF DIE ZUKUNFT: Die Software ist der Schlüssel

Nicht ohne Grund investieren die großen Smartphone-Hersteller Unsummen in ihre jeweilige Kamera-Software: Denn obwohl die Linsen- und Bildsensorgröße immer einer digitalen Spiegelreflexkamera unterlegen sein werden, sind es die zusätzlichen Sensoren, ausgereifte Software und die aktuellsten Filter, die wahre Wunder für gute Fotos vollbringen.

Nicht unterschätzen sollte man auch Apples Live Photos. Zuerst schienen sie nicht mehr zu sein, als eine Art animierter GIFs, es steckt aber doch mehr dahinter, wie Sie in den Tipps sehen werden. Ein Smartphone-Hersteller kann sich da gut von seiner Konkurrenz absetzen, nutzen Hersteller doch im Hintergrund bereits künstliche Intelligenz für die Bildverbesserung.

KAMERA-APPS

BESSER DRITTPROGRAMME? Unzählige Kamera-Apps gibt es im App Store, oft bieten sie schicke Oberflächen, unterstützen sogenannte RAW-Aufnahmen und versprechen manuelle Feineinstellungen wie eine digitale Spiegelreflex!

Dafür sind sie aber nicht so gut ins System integriert wie Apples Kamera-Apps. Die oft fehlende Unterstützung der hauseigenen Kameramöglichkeiten wie Live Photos oder der neuen Porträtfunktionen sind ebenfalls oft eine Schwäche der Tools. Interessanter sind für Einsteiger und Foto-Amateure wohl vor allem die zahlreichen Bildbearbeitungs-Apps wie Lightroom Mobile, Snapseed und Pixelmator. Diese bieten meist mehr Bildbearbeitungsfunktionen als die Fotos-App von Apple, dazu Retuschefunktionen und zahllose Filter – und die Anbindung an diverse Desktop-Bildbearbeitungen.

KOPFHÖRER ALS FERNAUSLÖSER

ECHTE TASTEN! Statt des Touchscreens in der Kamera-App können Sie die Lautstärketasten des iPhones benutzen. Toll ist die Funktion etwa für Selfies, Gruppenaufnahmen oder wenn Sie nicht auf den Bildschirm blicken wollen.

WAS KAUM EINER WEISS: Der Trick klappt auch mit den Lautstärke-Tasten an Apple-Kopfhörern (außer AirPods)! Das Prinzip funktioniert wie bei Selfie-Sticks. Per Bluetooth-Tastatur-Auslöser haben Sie sogar eine Fernbedienung.

KAMERA SUPERSCHNELL STARTEN

Auf Sperrbildschirm von rechts nach links wischen > Foto schießen.

Sofortfoto per Einstellungen > Anzeige & Helligkeit > **Beim Anheben aktivieren**.

DIE ZEIT IST KNAPP für einen Schnappschuss – das weiß Apple. Deshalb können Sie die Foto-App starten, ohne das iPhone erst noch zu entsperren. Ihr iPhone verwendet dabei die letzte Einstellung: etwa Selfie + Quadrat.

NOCH SCHNELLER GEHTS, wenn sich beim Anheben der Bildschirm bereits einschaltet. Vom Kameramodus aus gelangt man ohne Code/Fingerabdruck/Face ID nicht auf den Home-Bildschirm: Ihre Daten sind sicher.

ABKÜRZUNG ZUR KAMERA

FESTE DRÜCKEN! Bis Sie die Kamera-App geöffnet und den Modus Slow-Motion gewählt haben, ist ein genialer Moment oft schon vorbei. Fest aufs Kamerasymbol gedrückt, öffnen Sie die Kamera gleich im gewünschten Modus.

PANO UND ZEITRAFFER sind coole Aufnahmearten, die Sie nicht direkt auswählen können. Diese Modi erreichen Sie nur über die Kamera-App. Mit Absicht – für diese Art Aufnahmen sollten Sie sich sowieso mehr Zeit nehmen.

NIE WIEDER VERWACKELTE FOTOS

Kein Stativ zur Hand? iPhone fest an eine Wand pressen oder auf eine Mauer stellen. Hauptsache stabil.

Kamera-App > Uhren-Symbol in Werkzeugleiste oben > 3 s oder 10 s wählen > auslösen.

AUS DER HÜFTE gelingen Fotos umso weniger, je schlechter die Lichtverhältnisse sind. Ein Stativ oder zumindest ein fester Stand des iPhones in den Sekunden vor, während und nach dem Abdrücken wirken Wunder.

AM VERWACKELTEN FOTO ist oft das Drücken des Auslösers selbst schuld. Kleiner Trick: Countdown von 3 oder 10 Sekunden, ab Drücken des Auslösers. Auch Auslösen per Lautstärketaste (Gerät/Kabel) wackelt weniger.

SUPERFOTOS MIT HDR

Selbstcheck: Gibt es sehr dunkle oder fast weiße Bildbereiche > in Werkzeugleiste auf HDR schalten.

HDR aktiv für bessere Fotos. Am besten HDR auf AUTO stellen.

WEISSE FLÄCHEN statt Details, goldene Ornamente und Fußspuren im Schnee: Damit kämpft die Digitalfotografie bis heute. HDR behebt dieses Belichtungsproblem, indem es drei Aufnahmen zu einem Foto kombiniert.

DAS iPHONE WEISS am besten, wann sich HDR lohnt und wann nicht. Auf AUTO wird bei geeigneten Motiven automatisch HDR aktiviert. Beim iPhone X ist HDR immer an. Ausschalten geht hier: Einstellungen >Kamera > Auto-HDR.

HDR-FOTOS MIT BACKUP

VERTRAUEN IST GUT, Kontrolle ist besser: Meist funktioniert die HDR-Funktion erstklassig, bei einigen Fotos sieht man aber Bildfehler. Sicherer ist es, das HDR-Foto noch mal kurz zu prüfen, ob nichts verfremdet aussieht.

NOCH BEQUEMER IST ein zusätzliches scharfes Einzelfoto als Backup. Die zusätzlich gespeicherten Foto-Versionen sind zwar lästig, oft merkt man aber erst lange später, dass ein HDR-Foto einen hässlichen Fehler hatte.

FOTOS MARKIEREN & BEARBEITEN

EIN HERZ FÜR FOTOGRAFEN: Mit dem Antippen des Herzsymbols markieren Sie ein Foto als Favoriten. Praktisch, um schnell die besten Fotos/Videos auszuwählen. Markierte Objekte finden Sie später im Album Favoriten.

DIE BEARBEITEN-FUNKTION bietet mehr als man vermutet. Die Standard-Regler „Licht", „Farbe" und „S/W" lassen sich ausklappen – und hier können Sie gezielt Schatten aufhellen, Glanzlichter abdunkeln oder Kontrast erhöhen.

LIVE PHOTO: DREI SUPER-EFFEKTE

Live Photos in Foto-App ansehen: Bild auswählen > antippen und halten für Video.

Für **Live-Effekte**: Unten rechts letztes (Live) Foto wählen > nach oben wischen > Effekt wählen.

CREME-EFFEKT könnte man den Bildeffekt Langzeitbelichtung ebenfalls nennen. Der Live-Effekt legt mehrere Fotos übereinander, überblendet sie und macht so Bewegung sichtbar. Lohnend sind Autos bei Nacht und Wasserfälle!

WEITERE SCHICKE EFFEKTE für Live Photos sind die Endlosschleife – dabei wird der Clip endlos wiederholt – sowie Abpraller: Das spielt den Film immer wieder vor und zurück ab. Tippen aufs kleine Bild > Vorschau des Effekts.

101

LIVE PHOTOS RICHTIG EINSTELLEN

Rundes Symbol antippen > Funktion aktiv > Live Photo aufnehmen > **LIVE** > iPhone filmt noch 1,5 s weiter.

Einstellungen > Kamera > Einstellungen beibehalten > Live Photo > **deaktivieren**.

EIN FOTO MIT BEWEGUNG, das sind Live Photos. Ist die Funktion aktiv, filmt Ihr iPhone permanent. Halten Sie Ihr iPhone beim Knipsen ruhig, denn zusätzlich zum Foto werden davor und danach 1,5 Sekunden Film gespeichert.

MEHR ALS EIN FOTO – das gilt wegen der Videos auch für den etwa doppelt so hohen Speicherplatzbedarf. Beim Kamerastart ist Live Photo per Voreinstellung aktiv. Das soll nicht so sein? Eine versteckte Funktion deaktiviert das.

LIVE PHOTO: DER BESTE MOMENT!

Live Photos sind gekennzeichnet durch das **LIVE**-Symbol. **Bearbeiten** zeigt mehr Optionen.

Unter dem Foto ist kleine Bildleiste > weißes Kästchen verschieben > **Als Schlüsselfoto festlegen**.

EIN UNBEKANNTER ist durchs Foto gelaufen? Kein Problem, bei Live Photo können Sie ein anderes **Schlüsselfoto** auswählen, ein anderes Einzelbild. Die Bildqualität verschlechtert sich, aber die Aufnahme ist gerettet.

ÜBER DIE BILDLEISTE sehen Sie eine Vorschau, bevor Sie ein neues Foto festlegen. Falls nur Wackler an Anfang oder Ende stören, können Sie über **die kleinen Pfeile an der Seite** der Übersicht außerdem das Video kürzen.

ZIFFERBLATT & SPERRBILDSCHIRM

Fotos-Zifferblatt

Kaleidoskop-Zifferblatt

Auf Apple Watch Live Photo auswählen > Teilen-Symbol > Zifferblatt erstellen. Als Hintergrund oder Kaleidoskop.

Einstellungen > Hintergrund > Neuen Hintergrund wählen > Live Photos.

KEIN MICKY-MAUS-FAN? Nicht jeder mag Apples vorinstallierte Watch-Zifferblätter. Dann generieren Sie einfach ein animiertes Zifferblatt aus eigenen Live Photos! Beim Heben der Hand sehen Sie so eine kurze Animation.

BEWEGUNG, BEWEGUNG! Auch auf dem Sperrbildschirm funktionieren Live Photos. Die Animation sehen Sie bei jedem Druck auf den Bildschirm. Hier gilt aber: Weniger ist mehr – lange Animationen werden recht schnell lästig.

FOTOS AUFPEPPEN MIT FILTERN

Kamera-App öffnen > drei runde Farbbälle > **Filterauswahl**.

In Filterauswahl weißes Kästchen hin- und herschieben > Effekte direkt beobachten.

SCHWARZ AUF WEISS sieht man die Wirkung eines Effekts im Kamerabild. Sie merken sofort, ob sich der Effekt für das Motiv eignet. Gerade bei Schwarz/Weiß ist das viel interessanter als die nachträgliche Anwendung.

SEHR ORIGINALGETREU sind iPhone-Fotos, aber das ist auch etwas langweilig. Knallige Urlaubsfarben erhalten Sie mit dem Filter Strahlend, Street-Foto-Kontraste mit Dramatisch. Schwarz-Weiß-Fans können unter drei Varianten wählen!

EFFEKT-FILTER OHNE REUE

KEINE ANGST! Obwohl Sie auf S/W oder Dramatisch gestellt hatten: Ihr iPhone speichert auch ein Original ohne Filtereffekt. Genaugenommen wird immer ein herkömmliches Foto aufgenommen, der Filter kommt nachträglich.

KEIN ZURÜCK gibt es nur, wenn Sie das Foto nach Anwendung des Filters exportieren und bspw. per E-Mail verschicken. Der Empfänger kann den Effekt nicht mehr entfernen. In Ihrer Fotosammlung ist das Original aber weiterhin.

SELFIES: BESSER MIT ABSTAND

Per Kamera-Symbol unten rechts geht's zur Front-kamera für ein Selfie.

Zwei Optionen: etwas mehr Entfernung oder optischer Zoom.

MONDGESICHT? Machen Sie mit der Frontkamera ein Foto, ist das Gesicht von einem leichten Fischaugeneffekt verzerrt: Es wirkt rundlich und die Nase wird stark betont – um so mehr, je näher Sie der Linse kommen.

SELFIE-TIME! Halten Sie das iPhone besser etwas weiter von sich entfernt. Das Bild können Sie später immer noch beschneiden – oder vorher den optischen Zoom aktivieren. Dann sparen Sie sich auch die Nachbearbeitung.

SELFIES: BESSER MIT MEHR LICHT

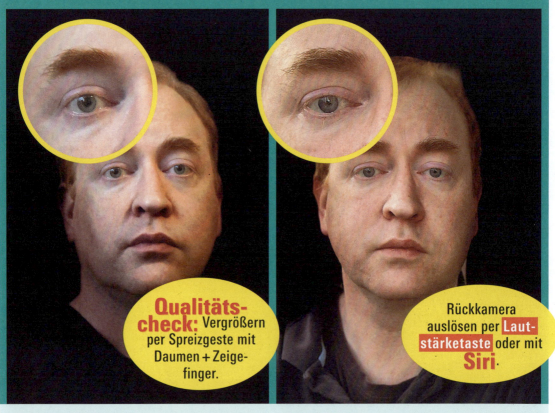

Qualitäts-check: Vergrößern per Spreizgeste mit Daumen + Zeigefinger.

Rückkamera auslösen per Lautstärketaste oder mit **Siri**.

BIN ICH DAS? Bilder und besonders Selfies in Innenräumen sind nur von mäßiger Qualität. Die Ergebnisse wirken verwaschen, Details wie Wimpern sind kaum zu erkennen. Gerade die Frontkamera braucht viel Licht für gute Fotos!

MEHR LICHT! Deutlich besser werden Ihre Ergebnisse, wenn Sie Selfies bei Tageslicht oder heller Beleuchtung machen. Oder wechseln Sie gleich zur weit besseren Hauptkamera und machen Sie ein Selfie etwa per Zeitschaltuhr.

DER PERFEKTE BILDAUFBAU

Die Linien stören kaum. Auf dem Foto sind sie selbstverständlich nicht!

Einstellungen > Kamera > Raster aktivieren.

SCHABLONE FÜR FOTOGRAFEN: Auf Wunsch blendet die Kamera im Bild Hilfslinien ein. Nutzen Sie sie, um den Horizont gerade auszurichten und zum Bildaufbau. Profi-Foto-Apps bieten noch weitere, alternative Hilfslinien.

ALS FAUSTREGELN gelten etwa, den Horizont entweder auf ein oder auf zwei Drittel Höhe zu setzen und zentrale Motive an der rechten oder linken Linie zu positionieren. Das ergibt – ganz grob – einen Goldenen Schnitt.

DIGITALER ZOOM ODER BESCHNITT?

Spreizgeste mit Daumen + Zeigefinger aufs Kamerabild > **digitaler Zoom** > auslösen.

Bild in Foto-App bearbeiten > **Beschnitt-Symbol** > Ränder zusammenschieben > gelbes Häkchen.

OHNE PLUS ODER X haben iPhones eine feste Brennweite von 28 mm. Motive näher heranholen können Sie nur per Digitalzoom. Das funktioniert eigentlich sehr gut – aber **je höher die Zoomstufe**, desto schlechter die Bildqualität.

PIXELBREI IST DAS ERGEBNIS, wenn Sie den Digitalzoom zu stark ausreizen, um einen bestimmten Bildausschnitt zu erhalten. Sicherer ist es, wenn Sie das Foto später per **Beschneiden-Funktion** verkleinern.

BLITZLICHT: AUTO ODER AUS?

Auto-Blitz: Blitzsymbol antippen > Auto wählen – oder Aus.

Nachts, in Kirchen und großen Räumen, in Museen und bei Sonnenschein **lohnt kein Blitz!**

GEBLENDET! Bei aktuellen Geräten kann man dem Automatikmodus fast vertrauen. Die Reichweite liegt allerdings nur bei wenigen Metern und manche Motive, etwa Blumen, werden schnell „totgeblitzt" – oder Personen „blind".

BLITZ-PLÄDOYER: Auch wenn sich der Blitz auf Auto manchmal in unpassenden Motiven aufdrängt: Gerade bei Aufnahmen in Innenräumen kann man damit oft die Bildqualität verbessern. Probieren Sie im Zweifel beides aus.

AUTOFOKUS & BELICHTUNG FIXIERT

TIPPT MAN NUR 1 X auf das Display bei einem sich bewegendes Motiv, bleibt das Bild nicht lange scharf. Sie müssen lange auf das Objekt tippen, bis oben AE/AF-Sperre erscheint. Dann liegt die Schärfe des Motivs bombenfest.

DIE AUTOBELICHTUNG will ebenfalls nur Gutes tun, aber gerade für ein Motiv vor bewegtem Hintergrund ist es wichtig, die Belichtung manuell festzulegen – sonst ist die Person dunkel, die Mauer aber perfekt ausgeleuchtet.

HELLIGKEIT MANUELL EINSTELLEN

HANDARBEIT HILFT! Meist ist die automatische Belichtung schon perfekt, manchmal will man aber ein bestimmtes Motiv heller oder dunkler. Wichtig: Wählen Sie die gewünschte Einstellung vor dem Auslösen des Fotos!

WOLKENDETAILS oder mehr Details im Bild? Bei Gruppenfotos und Motiven mit viel Gegenlicht soll ein Bereich perfekt sein – auf Kosten anderer Bereiche. Hier schlägt die manuelle Einstellung den Automatikmodus um Längen.

QUADRATISCH GUTE FOTOS!

Leiste mit Formatoptionen nach rechts wischen > Quadrat.

Dürften auch hochkant oder quer sein – aber fast alle Fotos auf Instagram sind Quadrate.

STANDARDS IN DER FOTOGRAFIE sind Breitbild- und Hochkant – aber muss man sich immer an Standards halten? Für Porträts ist das Quadrat gut geeignet, ebenso für symmetrische Motive wie Architektur oder Pflanzen.

VON POLAROID ZU INSTAGRAM und Co.: das Quadrat ist wieder in Mode. Es eignet sich eben einfach gut für das Smartphone: So ist es egal, ob Sie Ihr iPhone beim Anschauen von Fotolisten hochkant oder quer halten.

RAW: GEHEIMTIPP ODER UNSINN?

RAW-Fotos per App Flannl. Alles manuell einstellen > roter Kreis > Bild aufnehmen.

Dritt-Apps holen mehr raus aus RAW – dafür sind die Menüs kompliziert.

FRISCH VOM SENSOR: Ab dem iPhone SE kann man ein iPhone-Foto als RAW-Datei speichern. Das schafft später mehr Möglichkeiten zur Bearbeitung. RAW-Fotos muss man mit (gratis) Dritt-Apps erstellen, z. B. mit Flannl.

HÄSSLICHES ENTLEIN könnte man RAW-Fotos nennen. Die Originale sind farblos, bieten aber mehr „Rohstoff" bei der Bearbeitung – z. B. mit Snapseed (gratis). Toll, aber auch recht aufwendig. Für Einsteiger reicht eigentlich HDR.

VIDEOS: AE/AF-SPERRE NUTZEN

Vordergrund fokussiert – und dabei soll's bleiben!

In unterer Werkzeugleiste 1 x nach links wischen > Video > roter Knopf für Start.

PUMPEN NENNT MAN, wenn sich während der Videoaufnahme ständig automatisch die Helligkeit ändert – etwa in Innenräumen bei Schwenks am Fenster vorbei. Da nützt die beste Videoqualität wenig. Sperren Sie es manuell!

AE/AF-SPERRE LOHNT, wenn Sie etwas direkt vor Ihnen filmen. Dadurch verhindern Sie, dass eine Hintergrundbewegung Belichtung und Fokus ändern – was in der Aufnahme gut sichtbar ist und amateurhaft wirken würde.

BLITZ ALS VIDEOLICHT NUTZEN

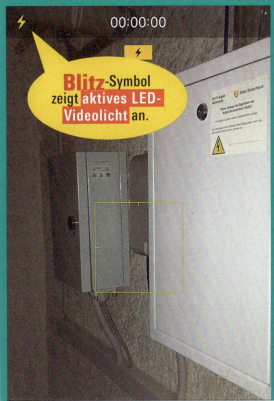

ES WERDE LICHT! Filmen Sie bei Dunkelheit, können Sie das Blitzlicht als Leuchte aktivieren. Die Reichweite ist gering und optisch wirkt das Licht schnell hässlich – für kurze Clips in schummrigen Innenräumen lohnt es aber.

DENN SIE WISSEN NICHT, was Sie tun? Dann schalten Sie auf Auto: So schaltet sich die LED-Videoleuchte bei schlechten Lichtverhältnissen automatisch ein. Entscheidend ist dabei die Helligkeit zu Beginn der Aufnahme.

VIER NÜTZLICHE ADAPTER (& CO.) FÜR MULTIMEDIA

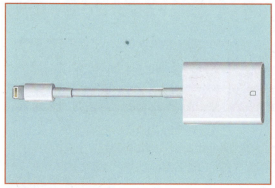

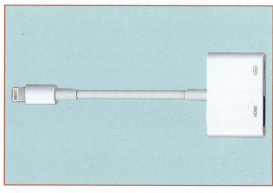

1. SD-Adapter: Mit einem USB- oder SD-Kartenadapter können Sie die Speicherkarte der digitalen Spiegelreflexkamera an Ihr iPhone anschließen und die Bilder rüberkopieren.

2. HDMI-Adapter: Schließen Sie Ihr iPhone damit an einen TV, Beamer oder Monitor an – um Bilder oder eine Präsentation in Großformat zu zeigen. 4K bietet der Adapter allerdings nicht.

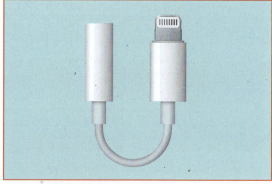

3. Apple TV: Genau genommen kein Adapter, eignet es sich aber ideal, um drahtlos ein iPhone einzubinden. Per *AirPlay* überträgt man iPhone-Bild und -Ton drahtlos an einen TV oder Beamer.

4. Lightning-Hub: Neuere iPhones haben keinen Kopfhöreranschluss mehr, ihnen liegt ein Lightning-auf-Klinke-Adapter bei. Per Hub (Verteiler) klappt gleichzeitig Musik hören und laden.

HOHE BILDQUALITÄT VERSENDEN

Einstellungen > Kamera > Video aufnehmen > 4K-Auflösung festlegen.

**Fotos-App
> Video auswählen
> In Dateien sichern
> 4K-Originaldatei** per E-Mail versenden.

4K-VIDEOAUFLÖSUNG filmt mit höchster Qualität – verbraucht aber auch Speicherplatz. Voreingestellt ist immer 1080 HD. Wählen Sie bei neueren Modellen Maximale Kompatibilität, wird automatisch 1080 p gewählt.

UMSTÄNDLICH ist es schon: Wollen Sie Ihr schönes Video in 4K-Auflösung versenden, laden Sie es in die Dateien-App. Hier können Sie die Datei auswählen und als E-Mail-Anhang versenden. Per AirDrop gehts aber auch.

RICHTUNG IM PANORAMAMODUS

In Werkzeugleiste unten nach links wischen > Pano > ruhig schwenken > Pfeilspitze auf gelber Linie lassen.

Auf den Pfeil im Kamerabild tippen > Schwenkrichtung rechts / links. Tipp: iPhone drehen für vertikal!

FÜR EPISCHE BREITEN wurden Panoramafotos erfunden. Per Schwenk nehmen Sie nach und nach eine breite Szene auf. Ist das wichtigste Motiv ungeduldig / bald verschwunden, beginnen Sie auf dieser Seite den Schwenk.

SCHWENKEN SIE RUHIG und nicht zu schnell. So sind sogar Tricks möglich: Doppelte Lottchen bekommen Sie, wenn eine Person am Anfang des Schwenks aufgenommen wird und sich am Ende des Schwenks erneut hinstellt.

NOCH MEHR EFFEKTE FÜR VIDEOS

Noch nicht installiert? App Store > **Clips** suchen > (gratis) laden und installieren.

Effekt **Live-Titel** > sprechen > **Untertitel**.

EIN SELFIE-VIDEO-SPEZIALIST ist die App Clips. **Unkompliziert** ergänzen Sie Sprachaufnahmen, Sticker, Emojis und Überschriften. Bevor Sie das Video bei YouTube oder Facebook veröffentlichen, können Sie es hier aufmöbeln.

STAR WARS, STICKER und Text – in Clips können Sie verschiedenste Effekte ergänzen. Fürs iPhone X gibt es sogar **animierte Selfie-Hintergründe**. Oder Sie lassen automatisch das Gesprochene als Lauftext-Untertitel ergänzen!

iPHONES MIT TELE: NÄHER RAN

Im Kamerabild auf 2 x tippen > Teleobjektiv aktiviert.

Spreizgeste mit Daumen + Zeigefinger auf Foto > Qualität überprüfen.

ZWEI KAMERAS SIND BESSER als eine. Weitwinkel (1 x) bekommt wirklich alles aufs Bild. Das Teleobjektiv (2 x) holt weit Entferntes näher, wirkt aber auch bei Porträts „näher": weniger Verzerrungen, eher betonter Vordergrund.

TELE-TRICKSEREI: Bei wenig Licht schaltet die Kamera statt aufs Teleobjektiv auf das lichtstärkere Weitwinkelobjektiv und aktiviert den Digitalzoom. Das ist ein Trick, aber sinnvoll, da das Tele bei Dunkelheit schlechtere Fotos macht.

iPHONE PLUS & iPHONE X: NEUE PORTRÄT-OPTIONEN!

1. Plus-Modelle & iPhone X: Zusätzlich zu den Modi Video, Foto und Pano gibt es hier den *Porträt*-Modus. Ist er aktiv, blendet die Kamera einen gelben Kreis für das Gesicht ein.

2. Der gelbe Kreis: Innerhalb von Porträt gibts noch mehr Modi! Platzieren Sie Ihren Kopf im gelben Rahmen/Kreis. Wischen Sie durch die Untermodi für eine Vorschau – und knipsen Sie!

3. Konturenlicht & Studiolicht: Diese beiden Modi fallen in die Kategorie dezent aber edel. Sie simulieren die Beleuchtung eines professionellen Fotostudios mit mehreren Fotolampen.

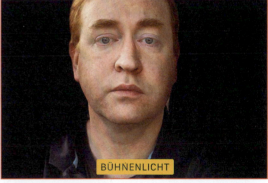

4. Bühnenlicht: Eindrucksvoll ist dieser Modus, bei dem das Gesicht komplett vor einen schwarzen Hintergrund gestellt wird – selbst wenn Sie sich am helllichten Tag fotografieren.

KEIN ÄRGER IM PORTRÄT-MODUS

Beeindruckend? Ausschussware!

BÜHNENLICHT

Bearbeiten-Modus > Effekt deaktivieren.

NATÜRLICHES LICHT

ALLES FAKE am Bühnenlicht, denn letztlich ist es nur eine Softwarekorrektur – Sie stehen ja im Licht. Gerade bei wehenden Haaren oder wie hier im linken Gesichts- und Nackenbereich funktioniert das Ausschneiden nicht perfekt.

ZURÜCK ZUM ORIGINAL geht immer! Wie die Kamera- sind auch die Porträt-Filter nicht unwiderruflich. Einmal missglückt, können Sie zumindest das Original retten. Übrigens: je weniger anspruchsvoll, desto eher klappt der Filter.

KEIN ÄRGER BEI VIDEOS MIT TELE

Gut gemeint? Ausschussware!

Einstellungen > Kamera > Video aufnehmen > Kamera sperren.

... UND ACTION! Zoomen, wenn die Kamera schon läuft, wirkt oft amateurhaft. Tippt man auf 2 x, erfolgt der Wechsel zwischen Weitwinkel- und Teleobjektiv ruckelig und plötzlich. Und zoomen per Spreizgeste wird kaum gleichmäßig.

DIE LÖSUNG: Einfach gar nicht zoomen. Sperren Sie den Wechsel der Kameras, damit es auch nicht zufällig passiert. Dann verhindern Sie das Hoppeln beim Umschalten zwischen Tele und Weitwinkel während der Aufnahme.

4 VARIANTEN, FOTOS & VIDEOS ...

Lightning Digital AV Adapter ans iPhone anschließen > Adapter per HDMI mit TV verbinden.

Video oder (mehrere) Fotos auswählen > Teilen-Symbol > **Air Play** > Apple TV als Ziel auswählen.

PER LIGHTNING-ADAPTER auf HDMI geht es auf die altmodische Art – sofern der Fernseher/Beamer einen HDMI-Eingang besitzt. Neben Fotos und eigenen Vidos können Sie auch Videostreams von Netflix und Co. abspielen.

DRAHTLOS MIT AIRPLAY verbinden Sie sich mit einem Apple TV-Gerät. Anstelle von Airplay können Sie auch die Funktion Bildschirmsynchronisation nutzen (im Kontrollzentrum): Hier Apple TV wählen und ggf. Code eingeben.

... AUF DEM TV ANZUSEHEN

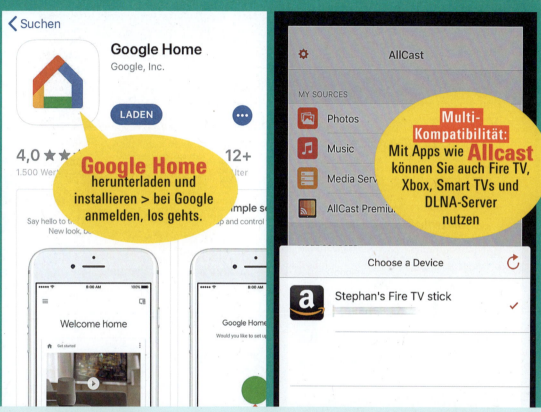

Google Home herunterladen und installieren > bei Google anmelden, los gehts.

Multi-Kompatibilität: Mit Apps wie **Allcast** können Sie auch Fire TV, Xbox, Smart TVs und DLNA-Server nutzen

FÜR DIESE VARIANTE brauchen Sie keine der vielen Chromecast-Apps im Store, sondern die App Google Home. Sind Sie verbunden, spiegelt das Chromecast-Gerät am TV/Beamer Ihren iPhone-Bildschirminhalt auf das Großbild.

APPS, DIE UPNP/DLNA NUTZEN, können mit einer Vielzahl an Formaten und Geräten umgehen. So kann der Bildschirminhalt (bzw. alle Inhalte ohne Kopierschutz) mit Ihrem Smart TV synchronisiert werden, ganz ohne Apple TV.

EXTRA: 20 TIPPS FÜR TOLLE FOTOS & VIDEOS

1 Hintergrund des Fotos beachten: Gerade bei Porträts kann ein Muster oder ein störendes Objekt das Foto versauen.

2 Schärfe und Belichtung: Bei wichtigen Bildern kurz aufs Motiv tippen – das stellt Fokus und Belichtung auf diesen Bereich ein.

3 Waagerechten Horizont beachten: Ein Meer fließt nun mal nicht nach oben.

4 So nah wie möglich: Sind Fotos von zu weit weg aufgenommen, erkennt man nichts.

5 So nah wie nötig: Zu nah wirken Objekte und Gesichter irgendwann verzerrt, unscharf.

6 Nicht zu hell: Nachts will die Automatik oft die Umgebung zu hell aufzunehmen. Über den Helligkeitsregler kann man das ändern.

7 Richtiges Format: Porträts wirken hochkant, Landschaftsaufnahmen quer besser.

8 Videos ruhig halten: Kleinste Verwackler stören bereits. Tipp: An Wand oder Laterne abstützen. Profitipp: Stativ oder Gimbal nutzen.

9 Respekt haben: Fremde fragen, bevor man sie fotografiert oder filmt. Und: Andere Länder, andere Sitten!

10 Kurz nachdenken: Überlegen Sie 1 Sekunde, wie das fertige Bild aussehen soll.

11 Was wollen Sie damit sagen? Überlegen Sie kurz, was das Motiv aussagen soll.

12 Drittelregel: Der Horizont sollte das obere oder untere Drittel des Bildes begrenzen. Nicht sehr originell, sieht aber gerade bei Strandaufnahmen meist am besten aus.

13 Sonne im Rücken, Auslöser drücken: Gegenlichtaufnahmen haben ihren Reiz (gerade in der Abendsonne), ideal für die Beleuchtung ist aber Sonne in Ihrem Rücken.

14 Zwischen zwölf und drei hat der Fotograf frei: Besser: die blaue Stunde kurz vor Sonnenauf-/kurz nach Sonnenuntergang.

15 Backups: iPhone kaputt? Geklaut? Backups per iCloud oder USB-Stick sichern Fotos.

16 Störende Objekte im Blick: Stromleitungen oder Laternen lassen sich oft „umgehen".

17 Schiefe Wände: lassen sich leider kaum ändern. Kann man aber per Bildbearbeitung nachträglich korrigieren.

18 Doppelt hält besser: Bei wichtigen Motiven sicherheitshalber 2 x abdrücken.

19 Löschen: Total misslungen? Weg damit!

20 Ausdrucken: Total gelungen? Ausdrucken, an die Wand hängen und würdigen!

HEY SIRI! 20 BEFEHLE FÜR FOTOGRAFEN

1. Mach ein Foto!
2. Mach ein Panoramafoto!
3. Mach ein quadratisches Foto!
4. Mach ein Video!
5. Mach ein Selfie!
6. Mach ein Zeitrafferfoto!
7. Mach ein quadratisches Selfie!
8. Öffne die Einstellungen!
9. Zeige Sehenswürdigkeiten in der Nähe!
10. Hat der Stadtpark geöffnet?
11. Benötige ich einen Schirm für heute?
12. Wie ist die Sicht draußen?
13. Wann ist der Sonnenuntergang?
14. Wann ist der Sonnenaufgang?
15. Zeige mir alle meine Fotos!
16. Zeige mir meine Fotos aus Rom!
17. Zeige mir meine Favoritenfotos!
18. Zeige mir meine Selfies!
19. Zeige mir meine Fotos von heute!
20. Zeige mir meine Fotos von gestern!

EXTRA: SUPER-PACKLISTE FÜR FOTOS & VIDEOS

JEDER KANN HEUTZUTAGE fotografieren und filmen. Mit diesen 7 Objekten machen Sie Ihr Bild- und Videomaterial zu etwas Besonderem. Von Must-have bis Nice-to-have!

1. **Powerbank:** Kein Geheimnis, aber ohne läuft nichts. Geht der Akku langsam in die Knie, liefert die portable Steckdose Saft.

2. **Foto-Apps:** Für spezielle Effekte wie 360°-/Tiny-Planet-Fotos oder VHS-Look.

3. **Aufsteckobjektive:** Kleine Klammern mit Linsen, mit denen Ihre iPhone-Kamera im Handumdrehen Fischaugen- oder Makroaufnahmen machen kann. Kein wirklicher DSLR-Ersatz, aber immerhin.

4. **Gimbal:** Spezieller Griff mit Halterung, der das iPhone beim Filmen ruhig hält.

5. **Externes Mikrofon:** Für deutlich bessere Tonqualität. Besonders bei Wind.

6. **Drohne:** Für tolle Luftaufnahmen. Allerdings recht teuer, laut – und oft verboten.

7. **3D-Audio-Recorder:** (Teure) Gadgets, die Sound „binaural" aufnehmen, wie Sie ihn auf dem Spaziergang hören. Zusammen mit Video und (normalen) Kopfhörern eine unglaublich immersive Erfahrung.

iMESSAGE, MUSIK & MULTIMEDIA

89 Supertricks

zu: Musik-App-Oberfläche, Apple Music-Werbung, Lautstärke, Playlists, Equalizer, iCloud-Mediathek, Podcasts, Kopfhörertasten, Timer, ZIP-Anhänge, Mails & Filter, Backups, iCloud-Speicher, iMessage-Effekte, Lesebestätigung, SMS, iPad-Synchronisation, Tapback, Emojis, Animojis &-Karakoke, Chats, Nicht stören & Ausnahmen, über 40 GSM-Codes, AirDrop, LED-Signal, Routenweiterleitung, FaceTime, die besten Siri-Musik-Möglichkeiten und Tipps fürs iPhone als Medienplayer

SUPERTRICKS FÜR SOCIAL MEDIA & KOMMUNIKATION

Neben Fotografie, App-Spielen und Internet dient das iPhone für viele Anwender auch als hauptsächliches oder sogar als einziges Kommunikationsgerät.

TELEFONIEREN: Mit dem neuen iPhone!

Früher gab's nur ein Telefon im Flur, dann hatte jeder ein Handy – heute schreiben sich viele Nutzer fast nur noch Kurznachrichten. Es gibt immer mehr iPhone-Besitzer, die so gut wie nie mit ihrem Smartphone telefonieren.

Dabei waren Telefongespräche nie in besserer Qualität möglich als heute: Dank neuer Technologien wie LTE ist der Empfang auch in Gebäuden besser als jemals zuvor und die Tonqualität ist dank aufwendiger Mikrofone hervorragend – selbst mit aktivierter Freisprechfunktion.

Aber auch so etwas Altbekanntes wie Telefonieren geht dank einiger Supertricks immer noch besser. So funktionieren etwa selbst beim iPhone X noch die fast vergessenen GSM-Codes, mit denen man per Zahlencode nützliche Zusatzfunktionen aufrufen und einstellen kann.

KURZNACHRICHTENDIENSTE: Nachrichten-App oder WhatsApp?

Apples eigene Nachrichten-App iMessage hat schon seit Jahren einen schweren Stand gegen Drittanbieter wie WhatsApp oder Facebook Messenger. Kein Wunder, ist der Messaging-Dienst doch nur mit Apple-Geräten kompatibel. Eine Nachricht an Android-Nutzer wird als SMS verschickt. Vor allem in Deutschland, einem Land mit relativ hoher Android-Dichte, ist das ein Problem: Denn ein Messaging-Dienst ist immer nur so gut wie die Liste der eigenen Kontakte darin lang ist. Und hier bleibt aktuell WhatsApp unschlagbar – trotz aller Sicherheitsbedenken und Verflechtungen mit Facebook.

Die App Nachrichten ist aber dennoch einen zweiten Blick wert. Die Integration in das System ist gut gelungen und in den letzten Versionen hat Apple eine ganze Reihe nützlicher und witziger Features ergänzt – etwa die Synchronisation mit dem eigenen iPad, Textanimationen, Tapback-Nachrichten und Animoji-Videos. Vielleicht sind einige Tricks dabei, die Sie noch gar nicht kannten?

Eine Mobilfunkkarte ist nicht erforderlich, man kann also auch mit Mac-Nutzern, iPads und dem iPod-Touch kommunizieren.

MUSIK: Der Tod des iPod

Mit dem iPod hatte Apple den MP3-Player in den Massenmarkt gebracht, mit dem iPhone ihn allerdings auch wieder beerdigt: Die meisten Nutzer hören Musik mittlerweile über ihr Smartphone.

Kein MP3-Player bietet mehr Speicherplatz und Bedienkomfort als ein Smartphone – vom Vorteil, alles in einem Gerät zu haben, ganz zu schweigen. Der auf dem iPhone vorinstallierte Player Musik arbeitet hervorragend mit der Desktop-App iTunes zusammen und bietet eine komfortable und funktionsreiche Oberfläche. Und die App Podcasts ist ein verstecktes Juwel, dessen Entdeckung sich lohnt.

Selbst die Einsparung der Kopfhörerbuchse bei neueren iPhones hat wenig Kritik ausgelöst: Immer mehr Musikfreunde nutzen Bluetooth-Kopfhörer – und für alle anderen liegt ein Adapter für den Anschluss herkömmlicher Kopfhörer bei.

Mit dem Dienst Apple Music setzt Apple seit einiger Zeit allerdings stark auf Streaming und konkurriert mit dem Platzhirsch Spotify. Der kostenpflichtige Abo-Dienst hat viele Vorzüge, allerdings wird er im Player recht aufdringlich beworben. Wer davon genervt ist, kann diese Werbung mit den Tipps in diesem Kapitel einfach deaktivieren.

Übrigens kann man auch so gut wie jeden anderen Streaming-Dienst auf dem iPhone nutzen.

VIDEO: Das iPhone als Videoplayer

Die ersten iPhones waren als Videoabspielgeräte wenig geeignet, die aktuellen Modelle werden aber für immer mehr Anwender zum Fernseher-Ersatz. Unterstützen sie doch sogar Technologien wie 4K und HDR – und sind damit besser also so mancher Fernseher, der schon seit ein paar Jahren im Wohnzimmer steht.

Ganz nebenbei sind auch die iPhone-Lautsprecher immer besser geworden, sowohl was die Aufzeichnung von Sound angeht als auch in Sachen Wiedergabe. Modelle ab iPhone 7 geben sogar Stereo-Sound aus – hörbare Unterschiede bemerkt man aber nur auf sehr kurze Entfernung. Kopfhörer oder eine HiFi-Anlage ersetzt das nicht.

FACETIME: VIDEOTELEFONIE

SCHON LANGE KEINE Zukunftsmusik mehr – aber zwischen Apple-Nutzern ist die kostenlose Skype-Alternative FaceTime nach wie vor unkompliziert zu handhaben. Das Videochat-System arbeitet sehr solide und gehört nicht ohne Grund zu den beliebtesten Anwendungen.

DIE MUSIK-APP-BEDIENOBERFLÄCHE ERKLÄRT

1. Mediathek: Der Player bietet kaum Einstellungsmöglichkeiten, aber ein paar Optionen zum Sortieren. Oben rechts *Bearbeiten > Mediathek > Kategorien (de)aktivieren / Reihenfolge ändern*.

2. Zusatzoptionen: Hinter dem *kleinen Kreis mit drei Punkten* neben einem Album / Song stecken die Optionen *Zu einer Playlist hinzufügen*, *Download*, *Löschen* sowie meist *Teilen*.

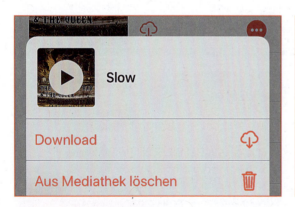

3. Erweiterter Player: Zusätzlich zur Standardansicht des Players gibt es einen erweiterten Modus. Tippen Sie dazu auf einen Titel oder streichen Sie nach oben.

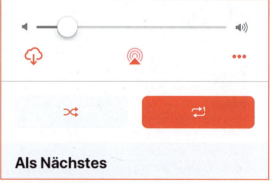

4. Zufall & endlos: Die gekreuzten Pfeile bedeuten Zufallswiedergabe aller Songs, die sich umkreisenden Pfeile Endlosschleife aller Songs. *Mehrmals tippen > 1 > endlos der aktuelle Song.*

KEINE APPLE MUSIC-WERBUNG

ALS SPOTIFIY-ALTERNATIVE ist der Abo-Dienst Music für Apple sehr wichtig – und wird massiv beworben. Mit Entdecken und Für Dich sind in der Musik-App sogar zwei eigene Buttons in der Fußleiste dafür reserviert.

OHNE WERBUNG! Nach Deaktivierung der Option „Apple Music zeigen" ist die Funktionsleiste des Players gleich deutlich übersichtlicher und zeigt nur noch Mediathek, Radio und Suchen sowie den neuen Eintrag Connect an.

LAUTSTÄRKE PRÜFEN

Regler schieben oder auf Linie tippen für gewünschte Lautstärke.

Einstellungen > Musik > Maximale Lautstärke > **Max. Lautstärke (EU)** aktivieren.

ZU LAUT MACHT TAUB. Hören Sie oft Musik über Kopfhörer, sollten Sie die Lautstärke besser beschränken. Per Voreinstellung können Sie die iPhone-Lautstärke auf einen **von der EU empfohlenen Wert** einstellen.

UM IN DER S-BAHN oder in der Fußgängerzone Musik zu hören, müssen Sie oft voll aufdrehen. Gesünder sind **Noise-Cancelling-** oder gut schallisolierte Kopfhörer – das ermöglicht eine niedrigere Lautstärke.

EINE PLAYLIST ERSTELLEN

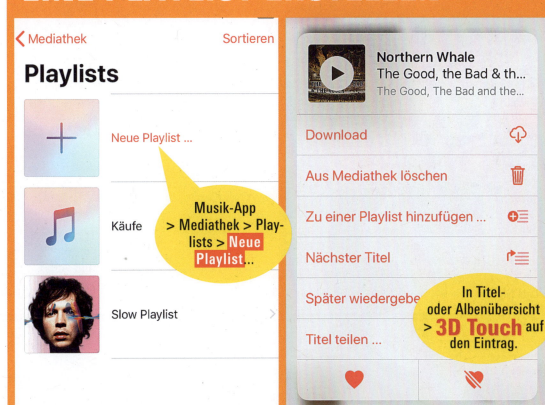

EIN MIXTAPE! Um Lieblingstitel zu sammeln, können Sie auf dem iPhone eigene Abspiellisten erstellen. Darin können Sie einzelne Songs oder ganzen Alben aufnehmen. Ihre Playlists finden Sie dann in der Mediathek.

BESONDERS BEQUEM können Sie Titel und Alben über 3D Touch ergänzen. Tipp: Wollen Sie nur einige Titel oder Songs nacheinander hören, ohne gleich eine Playlist zu erstellen, nutzen Sie die Warteliste: Später wiedergeben.

EQUALIZER JA, SONGTEXTE JEIN

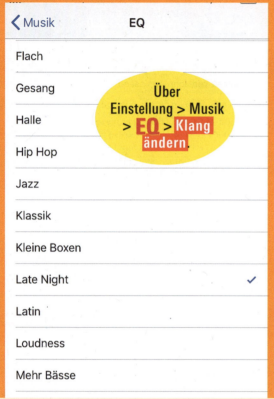

Über Einstellung > Musik > **EQ** > **Klang ändern**.

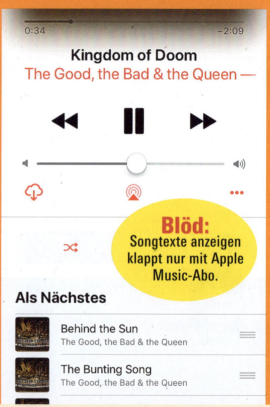

Blöd: Songtexte anzeigen klappt nur mit Apple Music-Abo.

MITTANZEN! Als Standard steht der Equalizer beim iPhone auf neutral. Langweilig! Stellen Sie je nach Musik Mehr Bässe oder Latin ein. Für Partys ist Late Night gedacht: Damit heben Sie die Gesamtlautstärke um eine Stufe an!

MITSINGEN? Früher war im Player die Anzeige von Liedtexten per Antippen des Covers möglich. Nun ist dafür leider ein Abo von Apple Music notwendig. Vielleicht ändert Apple dies aber in kommenden Versionen wieder.

MUSIK PER iCLOUD-MEDIATHEK

Einstellungen > Musik > iCloud-Musikmediathek aktivieren > per Web auf ganze Musiksammlung zugreifen.

In iTunes unter Allgemeine Einstellungen > iCloud-Musikmediathek (nur mit Apple Music-Abo).

IHR iPHONE HAT WENIG Speicherplatz? Mit Apple Music-Abo können Sie auf die iTunes-Bibliothek auf Ihrem Mac / PC zugreifen. Ist ein Titel nicht im Apple Music-Katalog, wird er hochgeladen und über Server bereitgestellt.

AUF ALLEN GERÄTEN, immer und überall verfügbar, das ist Ziel der iCloud-Musikmediathek. Netter Nebeneffekt ist, dass Sie dadurch auch vor Jahren von CD kopierte oder von LP überspielte Titel unterwegs verfügbar haben.

GEHEIMTIPP: PODCASTS-APP

Lieblingsfolge? Einstellungen > Podcasts > `Gespielte Folgen löschen` deaktivieren.

Fan von `Extra 3`, `Monitor` oder `Weltspiegel`? Einfach die Namen in der Suche eingeben.

EIN ASCHENPUTTEL-DASEIN führt die App Podcasts, die auf jedem iPhone vorinstalliert ist. `Schon gewusst?` Die App stellt neben unzähligen Sprach- und Radiosendungen auch TV-Magazine als Stream oder Download bereit.

„KRAUT UND RÜBEN" sind die Empfehlungen, die die Podcasts-App zeigt. Angesichts des riesigen Angebots sollten Sie entweder den `Topcharts` vertrauen oder Ihre Lieblinge selbst suchen – und in `Deine Mediathek` sammeln.

KOPFHÖRER ALS FERNBEDIENUNG

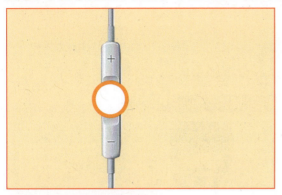

1. Wiedergabe / Pause: Die originalen Kopfhörer können Signale an das iPhone senden. Ein Druck auf die mittlere Taste stoppt die Musik. Nochmaliges Drücken startet sie wieder.

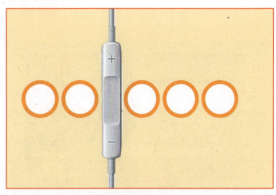

2. Nächster / Vorheriger / Wiederholen: 2x Drücken auf die Mitte wechselt zum nächsten Titel, 3x skippt zum Anfang des derzeitigen Songs. Ging der gerade erst los, beginnt der vorherige.

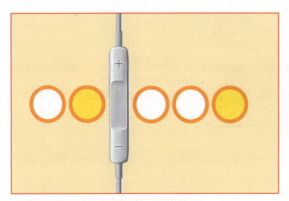

3. Vorspulen / Zurückspulen: Zum Vorspulen eines Titels die Mitte 1x kurz drücken und dann drücken und halten. Zum Zurückspulen 2x kurz drücken und dann drücken und halten.

4. Siri / Telefonieren: Für Siri: die Mitte Drücken und Halten. Eingehende Anrufe nehmen Sie mit 1x Drücken ab. Die Musik pausiert in der Zeit. Drücken und halten lehnt den Anruf ab.

MUSIK ÜBER TIMER BEENDEN

Musik läuft > Kontrollzentrum > **Timer-Symbol** > Zeit einstellen > Wiedergabe stoppen.

Vorspulen, Play/Pause, Skip, Lautstärke. Alles auf dem **Sperrbildschirm**.

ZUM EINSCHLAFEN Musik hören können Sie mit dem Timer im Kontrollzentrum (vom Rand hoch-/iPhone X: von oben rechts runterwischen). Der stoppt die Musik-App nach der Zeit. Klappt leider **nicht mit Podcasts**-App & Co.

IM HALBSCHLAF ausschalten können Sie laufende Musiktitel auch vom Sperrbildschirm aus. Klappt auch bei Podcasts! Geht super zusammen mit Einstellungen > Anzeige & Helligkeit > Bei Anheben aktivieren – **ohne ID oder PIN**.

E-MAIL-ANHÄNGE: ZIP & CO.

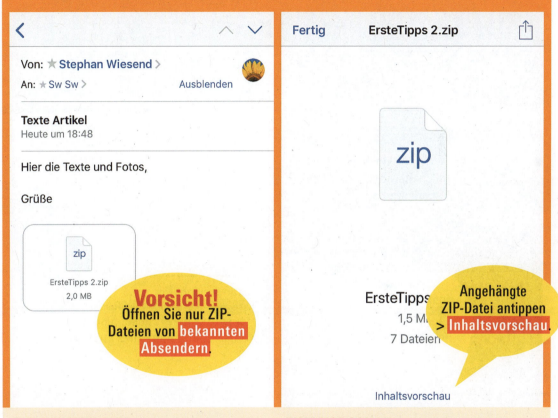

ZIP-DATEIEN SIND zusammengefasste und in einem Ordner komprimierte Dateien – gut geeignet für E-Mail-Anhänge. Schickt Ihnen jemand eine ZIP-Datei, ist das Öffnen und Verwalten allerdings aufwendiger als am PC.

EINE VORSCHAU erscheint, wenn Sie den Anhang und dann Inhaltsvorschau antippen. Bilddateien oder Office-Dokumente werden als Diashow oder Liste angezeigt. Per Teilen-Symbol öffnen Sie die Datei vollständig.

MAIL: MARKIEREN & ARCHIVIEREN

In Mail > Bearbeiten > Alles markieren > Als gelesen markieren.

Mails löschen statt archivieren: Einstellungen > Accounts & Passwörter > Ihr Account > Ihre E-Mail > Erweitert > Gelöschte E-Mails bewegen nach > **Gelöscht**.

ZWANZIG NEUE MAILS – und alles Spam und Werbung? Oft erkennt man das schon am Betreff. Wenn Sie auf die eine wichtige Mail warten, können Sie die bisher eingegangenen problemlos insgesamt als gelesen markieren.

HYGIENE IM POSTFACH kann nicht schaden. Wischen Sie Mails nach links: markieren Sie sie per Fähnchen-Symbol als wichtig oder löschen Sie sie. Dazu der älteste Trick des Welt: Nervende Newsletter einfach abbestellen.

MAIL: FILTER FÜR DIE ANZEIGE

Filter-Symbol unten links tippen > Filter einstellen > Fertig.

Filter-Symbol unten links > Markiert: Nun können Sie die Filter kombinieren.

NUR FÜR VIPS: Mit Antippen des Filter-Buttons können Sie E-Mails nach bestimmten Kategorien filtern. So sehen Sie etwa nur ungelesene E-Mails oder Mails von als wichtig markierten Absendern, sogenannten VIPs.

SECHS OPTIONEN können Sie miteinander kombinieren, wenn Sie im Filter-Menü sind, dass sich hinter dem Button versteckt. Auf Wunsch werden Ihnen etwa nur ungelesene E-Mails mit Anhang und von VIPs gezeigt.

BACKUP VON WHATSAPP & CO.

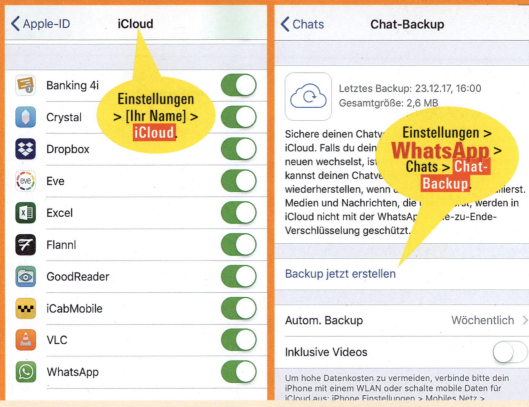

BACKUPS SIND WICHTIG, belasten aber auch Ihren (ggf. bezahlten) iCloud-Speicher – denn sehr viele Apps organisieren ihre Backups hierüber. In den iCloud-Einstellungen können Sie einige Apps vom Backup ausnehmen.

DAS WHATSAPP-BACKUP, wichtig z. B. für alle Ihre Nachrichten und Chats, müssen Sie leider separat aktivieren. Bei selten genutzten Apps lohnt es, den Erfolg des Backups zu kontrollieren. Manchmal bleibt es unvollständig.

iCLOUD-SPEICHER AUFRÄUMEN

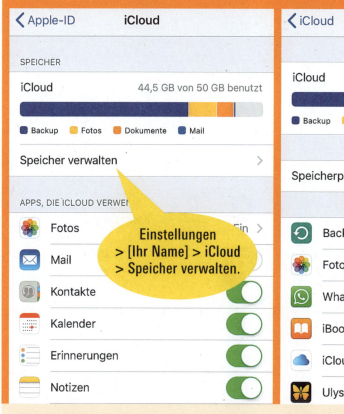

Einstellungen > [Ihr Name] > iCloud > Speicher verwalten.

Drauftippen für weitere Details > alte Daten und Videos löschen!

WEG DAMIT! Gerade der Basis-iCloud-Speicher mit 5 GB ist schnell komplett belegt. Wer fleißig löscht, kommt damit aus – und für alle anderen sind selbst Accounts mit 50 und 200 GB Speicherplatz ganz schnell ausgelastet.

KLEINVIEH MACHT auch Mist: Kleine Apps belegen zusammengenommen viel Platz! Fotos und Backups sind wichtig und benötigen entsprechend Speicher. Langjährige Nutzer sollten aber auf nutzlose Backups alter Geräte achten.

iTUNES-STORE: ABOS BEENDEN

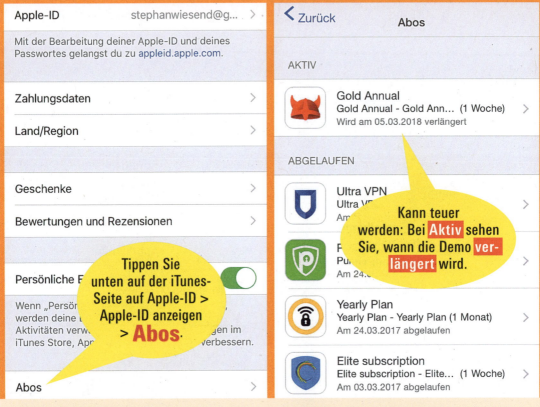

APPS IM ABO SIND die neue Unart – denn die Zahlung startet nach Ablauf der Demo automatisch. Über die Option in iTunes können Sie Ihre Abos auflisten und die automatische Verlängerung nach dem Demo-Ende deaktivieren.

DIE LISTE DER ABOS ist etwas versteckt. Haben Sie sie gefunden, sehen Sie die Zeiträume in Klammern. Sie können hier bei einem Probeabo auch schon vor Ablauf der Testzeit die automatische Verlängerung deaktivieren.

LISTE ALLER GEKAUFTEN APPS

Einstellungen > Apple-ID > Käufe für die Liste aller Apps.

App-Symbol antippen > aktueller Eintrag im App Store wird gesucht.

SELBST NÜTZLICHE APPS und coole Spiele verschwinden schnell aus dem App Store – etwa, weil der Hersteller einging. Aber einmal installiert, können Sie alle jemals gekauften Apps erneut installieren – sofern kompatibel.

CHRONOLOGISCH GEORDNET aufgelistet sind all Ihre jemals kostenlos oder kostenpflichtig über den App Store bezogenen Apps. Die Suchfunktion hilft beim schnellen Auffinden der gewünschten App.

iMESSAGE: EFFEKTE & GRAFIKEN

MIT LUFTBALLONS! Sie können Ihre Nachrichten in iMessage mit tollen 3D-Effekten wie Geheimtinte, Konfetti oder Sprechblasen aufpeppen. Die meisten der aufwendigen Animationen sind aber Nutzern ab iOS 10 vorbehalten.

HINTER DER LEISTE am unteren Rand verbergen sich noch viele weitere Effekte, Animationen, GIFs und Smileys. Haben Sie eine Nachricht bekommen und den Effekt „verpasst", können Sie ihn jederzeit Wiederholen.

iMESSAGE: LESEBESTÄTIGUNGEN

Einstellungen > Nachrichten > Lesebestätigungen (de)aktivieren.

Info-i oben rechts > Lesebestätigung individuell für jeden Kontakt aktivieren / deaktivieren.

AUF WUNSCH zeigen Sie dem Absender, ob und wann Sie seine Nachricht gelesen haben – und umgekehrt. Vorsicht: Diese Funktion mag nicht jeder! Denn einige Absender erwarten dann auch sofort eine Antwort ...

NUR FÜR GUTE FREUNDE: Wenn Sie sich ohne Rechtfertigungsdruck mit der Antwort einiger Nachrichten doch etwas mehr Zeit lassen wollen, können Sie die Lesebestätigungen auch einfach für alle Kontakte separat festlegen.

iMESSAGE ALS SMS VERSENDEN

NICHT JEDER NUTZT APPLE. Sicher haben Sie auch Freunde mit Android-Smartphones – dann ohne iMessage. Stellen Sie ein, dass Ihre iMessage-Nachricht trotzdem ankommt: als SMS. Oder nutzen Sie gleich WhatsApp & Co.

DAS GLEICHE IN GRÜN, so sieht es aus, wenn Sie Nachrichten als SMS bekommen. Denken Sie daran, dass viele Effekte per SMS nicht funktionieren und der Versand – je nach Ihrem Mobilfunkvertrag – evtl. Geld kostet.

NACHRICHTEN AUFS iPAD LEITEN

KEINE MOBILFUNKKARTE – und trotzdem können Sie auf Wunsch die an Ihr iPhone geschickten SMS auch auf andere Apple-Geräte spiegeln. Der PIN-Code der Bank oder die Einkaufsbestätigung landen so auch auf dem iPad.

DIE SMS-SYNCHRONISIERUNG ist sicher. Aktivieren Sie die Option auf Ihrem iPhone, um alle Geräte zu sehen, die über Ihre Apple-ID registriert sind. Für den Start der Synchronisation muss ein Code abgeglichen werden.

KURZNACHRICHT MIT TAPBACK

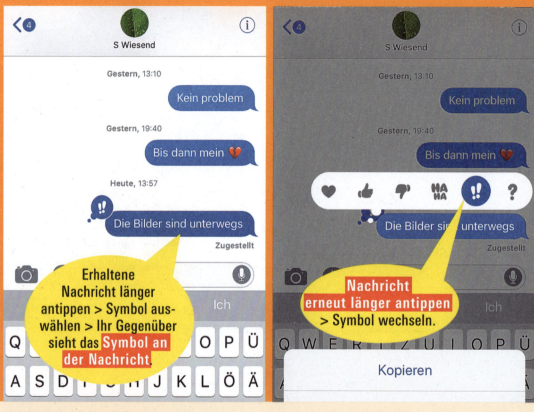

SCHNELL ANTWORTEN in Eile klappt in iMessage mit der Funktion Tapback. Damit versehen Sie Nachrichten mit Symbolen wie Herz, Daumen hoch/runter, Lachen, Ausrufe- und Fragezeichen. So weiß Ihr Gegenüber Bescheid!

TAPBACK VERTIPPT? Auf gleichem Wege können Sie ein vergebenes Symbol jederzeit noch nachträglich ändern. Zugegeben: Es ist etwas unpersönlich – aber praktisch, wenn Sie gerade wenig Zeit für eine Antwort haben.

KURZNACHRICHT MIT EMOJIS

SPRECHEN SIE EMOJI? Manchmal passt ein kleiner Smiley einfach besser. Aktivieren Sie ggf. zuerst unter Einstellungen > Allgemein > Tastatur > Tastaturen > Tastaturen hinzufügen > Emoji-Symbole. Jetzt sind die Emojis aktiv!

MEHR EMOJIS geht immer! Tippen Sie Ihren Text und wechseln Sie zur Emoji-Tastatur. Kompatible Wörter sind nun farbig markiert. Einmal tippen darauf, und sie werden durch passende Emojis ersetzt. Spicken Sie Ihren Text mit ihnen!

iPHONE X: ANIMOJIS NUTZEN

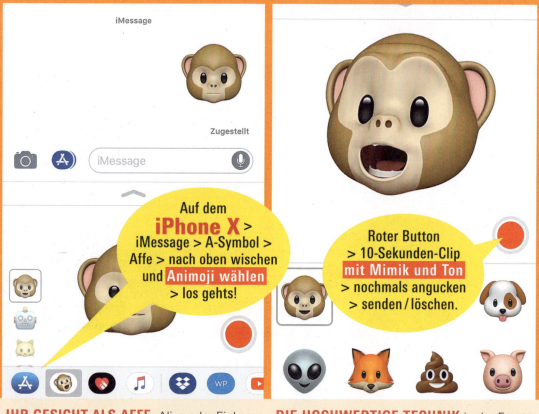

Auf dem iPhone X > iMessage > A-Symbol > Affe > nach oben wischen und **Animoji wählen** > los gehts!

Roter Button > 10-Sekunden-Clip **mit Mimik und Ton** > nochmals angucken > senden / löschen.

IHR GESICHT ALS AFFE, Alien oder Einhorn, das klappt mit **animierten Emojis** – und einem iPhone X. Aktivieren Sie in iMessage die Funktion, halten Sie sich Ihr iPhone direkt vors Gesicht – und **schneiden Sie Grimassen!**

DIE HOCHWERTIGE TECHNIK in der Frontkamera überträgt Ihre Grimassen auf das Äffchen – mit eindrucksvollem Ergebnis! Soll es doch der Panda sein? Wechseln Sie nach Aufnahme des Clips noch mal die Pferde!

ANIMOJI-CLIPS: TEILEN & LÄNGERE

Bildschirmvideos aktivieren unter: Einstellungen > Kontrollzentrum > Steuerelemente anpassen > Bildschirmaufnahme.

Animoji-Clip in iMessage verschicken > länger auf Clip tippen > Speichern > in Fotos auswählen > Teilen

ANIMOJIS FÜR ALLE – zumindest als Video. Wenn Sie den Clip speichern, können Sie ihn per Teilen-Funktion auf Facebook posten oder in einem anderen Messenger versenden. So sehen den Spaß auch Freunde ohne iPhone X.

LÄNGERE CLIPS als 10 Sekunden können Sie auch aufnehmen. Aktivieren Sie für eine Animoji-Karaoke die Bildschirmaufnahme-Funktion mit Mikrofon: So nehmen Sie auf, was auf dem Display passiert – bis der Speicher voll ist.

CHATS SUCHEN & VERWALTEN

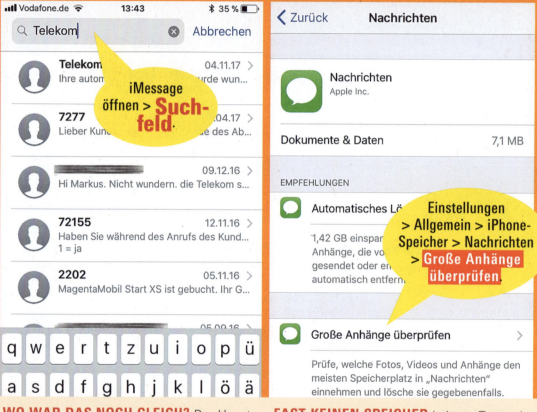

iMessage öffnen > **Such-feld**.

Einstellungen > Allgemein > iPhone-Speicher > Nachrichten > **Große Anhänge überprüfen**.

WO WAR DAS NOCH GLEICH? Das Hauptfenster der Nachrichten-App beherbergt eine Suchfunktion, mit der Sie Ihre Nachrichten übergreifend durchforsten können.
Tipp: Sogar Emojis können Sie suchen!

FAST KEINEN SPEICHER belegen Textnachrichten. Selbst auf einem 16-GB-iPhone können Sie ganze Jahrgänge verwalten. Im iPhone-Speicher > Nachrichten können Sie alles sammeln oder z. B. **alte Anhänge Automatisch löschen**.

SCHNELL MAILEN & MESSAGEN

DIE SPOTLIGHT-SUCHE kennt Sie: Das System erfasst die wichtigsten Chats, Mail- und Telefon-Kontakte und zeigt Sie unter den Siri-Vorschlägen. Wenn Sie jemandem schnell schreiben wollen, finden Sie ihn per Spotlight.

JE FESTER, DESTO SCHNELLER: Per 3D Touch auf Mail, Nachrichten und Telefon werden die wichtigsten Kontakte eingeblendet. Das klappt nicht nur mit Apple-Apps, sondern auch mit WhatsApp und anderen Messengern!

AUTOMATIK-SMS AUF ANRUF

IMMER ERREICHBAR ist niemand. Egal, ob Sie gerade in einem heiklen Gespräch oder unterwegs im vollgestopften Zug sind: Statt den Anruf mit der roten Taste wegzudrücken, können Sie eine Standardantwort per SMS schicken.

ETWAS HÖFLICHER als die drei vorgegebenen Optionen, ist eine eigene Nachricht – wenn Sie die Zeit haben. Immerhin: Mit dem Versand der SMS verhindern Sie nebenbei, dass der Anrufer es gleich erneut versucht.

„NICHT STÖREN" & AUSNAHMEN

Vom Rand hochwischen (iPhone X: von rechts runterwischen) > Kontrollzentrum > **Halbmond**.

Einstellungen > Nicht stören > **Optionen wählen**.

FÜR NOTFÄLLE! Die Funktion „Nicht stören" soll lästige Anrufe nach Feierabend im Kino oder nachts verhindern. Für seine Familie oder enge Freunde können Sie aber Ausnahmeregeln erstellen. Die Anrufe kommen trotzdem durch.

FÜR SONDERFÄLLE! Es gibt mehrere Ausnahmeregelungen: Erteilen Sie sie etwa einer speziellen Kontaktgruppe (Favoriten) oder wenn ein Anrufer wiederholt versucht, Sie zu erreichen. Oder blocken Sie alles, wenn Sie Auto fahren.

Super GSM-Code-Sammlung

GSM-Codes stammen aus einer Zeit, als Smartphones noch Handys und Displays noch grün waren – und funktionieren noch immer. Sie erlauben Zugriff auf interessante, versteckte Funktionen. Zur Aktivierung gilt immer: *Telefon-App öffnen > Code eingeben > grüner Hörer für Bestätigung*.

Allgemein	
Versionsnummer anzeigen	*#0000#
IMEI anzeigen	*#06#
Feldtestmodus für die Anzeige der Signalstärke	*3001#12345#*
Eigene Rufnummer abfragen (Callmobile, Congstar, Klarmobil, MaXXim, Penny/Rewe mobil, Simply, T-Mobile)	*135# (für Aldi Talk: *103#)
PIN und Passwort ändern	
PIN ändern	**04#alte PIN*neue PIN*neue PIN#
Gesperrte PIN mit PUK entsperren	**05#alte PUK*neue PIN*neue PIN#
Anrufe und Sprachqualität	
Bisherige Gesprächsdauer anzeigen	*646#
Abfrage Rückruf	*#37#
Deaktivierung Rückruf	#37#
Bessere Sprachqualität, dafür schlechtere Akkulaufzeit (EFR-Modus aktiv)	*3370# (deaktivieren: #3370#)
Schlechtere Sprachqualität, dafür bessere Akkulaufzeit (HFR-Modus aktiv)	*4720# (deaktivieren: #4720#)
Rufnummer für diesen Anruf übertragen	*31#
Rufnummer für diesen Anruf unterdrücken	#31#
Statusabfrage für ankommende Rufnummernanzeige	*#30#
Statusabfrage für abgehende Rufnummernanzeige	*#31#
Aktivierung „Alle abgehenden Rufe sperren"	**03*Passwort#
Deaktivierung „Alle abgehenden Rufe sperren"	#33*Passwort#
Status der Sperre für alle Anrufe	*#330#
Löschen aller Anrufsperren	#330*Passwort#

Rufumleitung auf andere Nummer oder Mailbox

Rufumleitung auf andere Nummer bei Nichtannahme	**61*Tel.-Nr.# (Tel.-Nr. mit Vorwahl!)
Rufumleitung auf andere Nummer abschalten	##61#
Rufumleitung zur Mailbox einschalten	*62 #
Rufumleitung zur Mailbox ausschalten	# 62#
Einstellungen Ihrer Mailbox anzeigen	*#5005*86#
Alle bedingten Umleitungen (Besetzt, nicht erreichbar, Nichtannahme) ausschalten	##004#
Alle Rufumleitungen löschen	##002#
Konferenz einleiten (Vodafone)	2, dann Gesprächspartner anrufen
Mailbox abrufen (Vodafone)	*5500#

Anklopfen und Telefonkonferenzen

Anklopfen einschalten	*43#
Anklopfen ausschalten	#43#
Statusabfrage Anklopfen	*#43#
Anklopfende Verbindung mit Besetzt abweisen	0
Beenden der Verbindung mit dem 1. Anrufer	11
Beenden der Verbindung mit dem 2. Anrufer	12
Bei best. Zweitverbindg. gehaltene Verbindg. beenden	0
Wechseln zwischen zwei Verbindungen	2
Zwei Verbindungen zu Konferenzschaltung schalten	3
Aktive Verbindg. beenden, gehaltene Verbindg. aktivieren	1

Guthabenübersicht (bei verschiedenen Anbietern)

Prepaid-Guthaben anzeigen bei Telekom, Vodafone, E-Plus, Aldi-Talk, NettoKOM	*100#
Prepaid-Guthaben anzeigen bei O2	*101#
Guthaben- bzw. Aktivitäts-Zeitfenster anzeigen O2, Aldi-Talk, NettoKOM	*102#
Kontostand CallYa	*106#
Verbrauchsübersicht & Tarif vom Vertrag anzeigen bei O2	*140#

VIDEO PER USB/AIRDROP SENDEN

Video in iTunes laden > Kontextmenü > zu Gerät hinzufügen > iPhone.

Auf icloud.com einloggen > iCloud Drive > Dateien hochladen. Am iPhone Dateien-App > iCloud Drive | Dateien herunterladen.

UM VIDEOS VOM WINDOWS-PC auf das iPhone per USB-Kabel zu übertragen, ist iTunes notwendig. Der Weg ist etwas umständlich – und nicht jeder möchte iTunes in Windows haben. Komfortabler sind AirDrop und iCloud.

PER iCLOUD lassen sich gerade kleine Daten viel bequemer zwischen PC und iPhone austauschen. Zwischen Apple-Geräten ist AirDrop die schnellste Lösung. Das private Mini-Netzwerk zwischen 2 Geräten ist schnell und sicher.

LED-BLITZ ALS ANRUFSIGNAL

Auf Wunsch informiert der **Blitz** über neue Mails oder Anrufe.

Einstellungen > Allgemein > Bedienungshilfen > **LED-Blitz bei Hinweisen** > Ein.

LICHT STATT LAUT – auch ohne Geräusche und Vibration informiert Ihr iPhone Sie über Nachrichten und Anrufe: Auf Wunsch blinkt das Blitzlicht auf der Rückseite. Um das zu sehen, muss das iPhone **auf dem Display liegen**.

„HABEN SIE GERADE ein Foto von mir gemacht?" Damit Sie im voll besetzten Zug nicht in unangenehme Situationen geraten, während Sie Ihr iPhone in der Hand halten, ist die Funktion **nur möglich, wenn das Gerät gesperrt ist**.

KARTEN: ROUTE WEITERLEITEN

EIGENTLICH TOLL: Die Karten-App kann eine Route per AirDrop versenden oder ausdrucken. Wollen Sie die Beschreibung lieber als PDF versenden, können Sie das über die Druckeroptionen erstellen.

TROTZDEM BESSER: Tippen Sie auf „Drucken" für eine druckfähige Wegbeschreibung als Vorschau. Per doppeltem 3D Touch – der Peek-&-Pop-Funktion – rufen Sie das PDF auf und können es gleich per Teilen versenden.

LIVE PHOTOS IN FACETIME

Videochat in **FaceTime** starten > **besten Moment abpassen** > Button unten links antippen!

Einstellungen > FaceTime > FaceTime Live Photos aktivieren. Muss **auch Ihr Gesprächspartner** tun!

VIDEOTELEFONIE ist zwischen Apple-Geräten unkompliziert mit der bereits installierten App FaceTime möglich. Von der Live-Übertragung des Gesprächs können Sie im besten Moment die sich bewegenden **Live Photos erstellen**.

BEIDSEITIGE AKTIVIERUNG ist notwendig, um während des Videochats ein Live Photo machen zu können. Außerdem wird jedes Foto auf beiden Seiten gemeldet. Heimliche Aufnahmen sind damit **praktisch ausgeschlossen**.

HEY SIRI! 15 BEFEHLE FÜR MULTIMEDIA

1. Spiele Musik!
2. Spiele klassische Musik!
3. Play! / Pause!
4. Titel überspringen!
5. Wiederhole diesen Song!
6. Spiele Haydn!
7. Was ist das für ein Song?
8. Ich mag diesen Song! (Der Song wird als Favorit markiert.)
9. Spiele ähnliche Songs!
10. Spiele meine Playlist „[Nennen Sie den Namen der gewünschte Playlist]"!
11. Spiele meine Playlist in zufälliger Reihenfolge!
12. Spiele als nächsten Song „[Nennen Sie den Namen des gewünschten Songs]"!
13. Spiele die Top-Charts von 2018!
14. Spiele den neuesten Song von „[Nennen Sie den Interpreten]"!
15. Kauf diesen Song! (Achtung: Damit wird dieser Song in Apple iTunes mit realem Guthaben gekauft.)

HEY SIRI! 15 BEFEHLE FÜR KOMMUNIKATION

1. FaceTime-Anruf mit Max!
2. Wähle die letzte Nummer erneut!
3. Rufe Patrick an!
4. Rufe +49 1 23 45 67 89!
5. Rufe Patrick auf dem Lautsprecher an!
6. Wann hat meine Schwester angerufen? (Dafür muss ein Kontakt mit „Schwester" markiert sein.)
7. Zeig mir die letzte Nachricht von Max!
8. Schreibe Max: Bin beschäftigt!
9. Sage meiner Frau, ich gehe noch einkaufen! (Dafür muss ein Kontakt mit „Frau" markiert sein. Oder natürlich mit „Mann".)
10. Zeige mir meine letzte E-Mail an Max!
11. Zeige mir die E-Mail von meinem Chef vom Freitag! (Dafür muss ein Kontakt mit „Chef" markiert sein.)
12. Schicke eine E-Mail an Max Mustermann mit dem Betreff Kino am Samstag!
13. Öffne Twitter!
14. Aktiviere / Deaktiviere nicht stören!
15. Spiele alle meine neuen Voicemails ab!

EXTRA: 10 TIPPS FÜRS iPHONE ALS MEDIENPLAYER

1 Mobile Daten: Sie haben einen Mobilfunkvertrag mit geringem Volumen? Dann sollten Sie unter *Einstellungen > Musik > Mobile Daten* deaktivieren.

2 Musik offline nutzen: Für Funklöcher oder wenn Sie mit der Regionalbahn unterwegs sind, kann man Songs aus Apple Music sowie auch gekaufte Songs herunterladen. Tippen Sie dazu auf den *runden Button mit den drei Punkten > Download*.

3 Wenig Speicherplatz: Werfen Sie gelegentlich einen Blick auf den Eintrag *Einstellungen > Musik > Musikdownloads*. Sie können die heruntergeladenen Daten nach Künstlern sortieren und *löschen*.

4 Komplette Playlist laden: Statt Titel einzeln zu laden, können Sie die Songs auch gesammelt ziehen – als komplettes Album oder als Playlist.

5 Privatfreigabe: Die Option unter *Einstellungen > Musik > Privatfreigabe* ist interessant, wenn Sie Ihr iPhone oder iPad im Heimnetz nutzen. Sie können dann per WLAN auf die iTunes-Bibliothek auf Ihrem Desktop zugreifen – als eine Art Musikserver.

6 Lautstärke anpassen: Hören Sie Songs aus unterschiedlichen Alben und Quellen, gleicht der Player automatisch die Lautstärke der Songs an: *Einstellungen > Musik*.

7 Nur Offline-Titel: Sie wollen nur die auf ihr iPhone geladenen Songs sehen? Dann aktivieren Sie: *Musik-App > Mediathek > Geladene Musik*. Die Rubrik erscheint dann neben Playlist, Künstler, Alben und Titel.

8 Zufallsmodus: Der Zufallsmodus ist etwas versteckt: Sie müssen erst per Antippen eines Songs oder Streichbewegung den *erweiterten Player* aufrufen. Hier finden Sie das vertraute Pfeilsymbol dann unter dem Player.

9 Wiederholen und 1 x Wiederholen: Im erweiterten Player finden Sie auch den Wiederholen-Modus. Ein Song wird dann unendlich wiederholt. Per Antippen aktivieren Sie das *1-fache Wiederholen*, wenn Sie den Song nur noch ein weiteres Mal hören wollen. Eine *1* wird dabei eingeblendet.

10 Songs weiterleiten: Hören Sie gerade einen Song, können Sie einen Link zu dem Song mit Ihren Freunden *teilen*. Das ist per E-Mail, Nachrichten, Twitter und anderen Medien möglich. Beim Teilen von Songs aus Apple Music wird aber nur der Music-Link generiert, bei Spotify nur der für Spotify usw.

HILFE

333 Supertricks und mehr
als Übersicht im Stichwortverzeichnis

STICHWORTVERZEICHNIS

0–9
3D Touch 10
– deaktivieren 50
– konfigurieren 50
– peek&pop-Funktion 48
– Webseitenvorschau 72

A
Adapter 118
AirDrop 26
AirPlay 126
AirPrint 92
Akku-Laufzeit verlängern 53
Aktien 40
Animojis 156
Anruf 160
– LED-Blitz 165
– mit SMS beantworten 160
– Nicht Stören-Funktion 161
Antivirenprogramme 57
Apple Music 133
– Werbung abstellen 135
Apple-ID 29, 36, 69, 80, 148, 153
Apple TV 118, 126
Apple Watch 104
Apps 14
– automatische Ordnernamen 19
– beenden 14
– Ordner erstellen 19
– Webversionen ohne iPhone 69
– wechseln 14
AssistiveTouch 51
Authentifizierung 36
Autokorrektur (de)aktivieren 20

B
Backup 28, 57, 146
– iCloud 28, 83
– iTunes 83
Bedienungshilfen-Kurzbefehle 15
Bei Anheben aktivieren 12
Betrügerseiten 77
Betrugswarnung 57
Bildschirmsynchronisierung 126
Bildschirmtastatur verkleinern 22

C
Chrome (Browser) 56
Chromecast 127
Cross-Sitetracking 58

D
Dateien 26
– sichern 28
– suchen 33
– übertragen 26
– verwalten 33
DLNA 127
Dokumente freigeben 70

E
E-Mail-Anhänge 143
Emojis 155
Entsperren durch Anheben 12

F
Face ID 11, 47
FaceTime 133
Farben, Anpassung an Lichtverhältnisse 18
Fingerabdrucksensor 11

Firefox (Browser) 56
Foto 92
– bearbeiten 100
– Filter 93, 105
– Format 114
– HDR-Funktion 98
– Live Photo (siehe auch Live Photos) 101
– markieren 100
– Panoramafunktion 120
– RAW-Datei 115
– Selfiefunktion 107
– Tipps 128
– , verwackelte 97
– Zifferblatt (Apple Watch) 104

G, H
Google Home 127
HDMI-Adapter 118
Health-App 31

I
iCloud 28
– Backup (siehe auch Backup-Funktion)
– Mediathek 139
– Schlüsselbund 80
– Speicher aufräumen 147
iMessage 132, 150, 158
– als SMS versenden 152
– Chats verwalten 158
– Effekte 150
– Lesebestätigungen 151
iPhone suchen 81
iPhone X 11
– Animojis 156
– neue Gesten 46
iTunes 133
– Bedienoberfläche 134
iWork-Dokument 70

K
Kamera 92 (siehe auch Foto)
– Alternative zum Zoom 110
– Autobelichtung 112
– Belichtung 113
– Blitzlicht 111
– Kopfhörer als Fernauslöser 94
– Porträtfunktionen (siehe Porträt-Modus)
– Qualität 92
– Rasterfunktion 109
– starten 95, 96
– Tele 122
– Zoom-Objektiv 93
Karten-App, Weg weiterleiten 166
Kontrollzentrum 37, 46, 49, 51, 126, 142, 157, 161
– aktivieren 15
– Optionen 15
Kopfhörer
– als Fernauslöser 94
– als Fernbedienung 141
– Kamera auslösen 94
– Musik 141

L
LED-Blitz 37
– Anrufsignal 165
– Taschenlampe 37
Leselampe 37
Leseliste (Safari) 60
– offline nutzen 61
Lesezeichen (Safari) 60
– auf Home-Bildschirm 62
Lightning-Adapter 126
Lightning-Hub 118
Live Photos 93
– Effekte 101
– einstellen 102
– in FaceTime 167
– Sperrbildschirm 104

M

Musik 133
– Equalizer 138
– Kopfhörer nutzen 141
– Lautstärke 136
– über Timer beenden 142

N

Nachricht 17, 154
– mit Emojis 155
– mit Tapback 154
– Vorschau im Sperrbildschirm 17
Nachrichten-App siehe iMessage
Nachrichtendienste 132
Netzwerk, ungesichertes 79
Night Shift 18
Notfall-SMS mit Standort 35
Notizen 42
– Foto 27
– Passwort 27
– scannen 44
– Tabellen 42
– Webseiten speichern 74
Notruf 35

O, P

Online-Banking 82
Ortungsfunktion 81
Passwörter, automatisch ausfüllen lassen 58, 80
Phishing 57
PIN ändern 35
Playlist erstellen 137
Podcasts 133, 140
Pop-up-Blocker (Safari) 57
Porträt-Modus 93, 123
– Fehlerbehebung 124
Privat-Modus 78
Programmwechsler 14

R, S

Rechner, wissenschaftlicher Modus 32
Safari (siehe auch Surfen) 56
– Hilfe 89
– Werbeblocker 59
Scans 44
– bearbeiten 45
Schrift anpassen 23, 41
Schrittzähler 31
Schütteln (für rückgängig) 30
SD-Kartenadapter 118
Selfies 107, 108
Sicherheit 57
– Surfen 57, 77
– VPN-Apps 84
Siri 11, 52
– aktivieren 25
– Alltag 52
– Diktate 24
– Fotos 129
– „Hey Siri" ausschalten 25
– Kommunikation 168
– Multimedia 168
– Surfen 89
SMS-Synchronisierung 153
Spam 57
Sperrbildschirm, Foto 104
Spotlight 13
Sprachassistent (siehe Siri)
Sprachaufnahme 40
Suchfunktion (siehe Spotlight)
Suchmaschinen 58
Surfen 56
– Favoriten nutzen 63
– im Internet 56
– im Privat-Modus 78
– offene Seiten anderer Geräte anzeigen 68
– Sicherheit 57, 77
– Voreinstellungen 58

T

Tabellen 42
Tabs 64
Tapback (iMessage) 154
Tastatur, schmalere 22
Telefonieren 132
Texte vorgelesen bekommen 39
Textersetzungen, automatische 21
Textvervollständigungen, automatische 21
Tickets, elektronische (Wallet-App) 34
Touch ID 11, 12, 35
Touchscreen 10
Trackpad-Modus 16
True Tone 18
TV, Fotos & Videos ansehen am 126
– AirPlay 126
– Apple TV 126
– Chromecast 127
– Lightning-Adapter 126
– UPnP/DLNA 127

U, V

Verbindung, gesicherte 77
Verkaufvorbereitung 28
Verschlüsselung 36
Vibration 38
–, personalisierte 38
Video 92, 133
– AE/AF-Sperre 116
– Effekte 121
– Lichtverhältnisse 117
– senden 119, 164
– Teleobjektiv 125
– Tipps 128
Vorlesefunktion 39
VPN 57
– Geo-Sperren umgehen 84
– Sicherheit 84

W

Wallet-App 34
Wasserwaage 32
Webadressen kopieren/teilen 66
Webseite 67
– als PDF speichern 71
– App-Version 67
– Desktopversion 67
– durchsuchen 88
– mailen 74
– Mobilversion 67
– speichern 74
– Suche 58
– teilen per App 76
Webseitentext markieren 75
Webseitevorschau 72
– 3D Touch 73
Werbeblocker 59
Wetter 40
WhatsApp 132
– Backup 146
WLAN, unsicheres 57, 79
WLAN-Router, iPhone nutzen als 85

Z

Zahlencode 35
ZIP-Dateien 143
Zurücksetzen 29
Zwei-Faktor-Authentifizierung 36

Die Stiftung Warentest wurde 1964 auf Beschluss des Deutschen Bundestages gegründet, um dem Verbraucher durch vergleichende Tests von Waren und Dienstleistungen eine unabhängige und objektive Unterstützung zu bieten.

Der Autor Stephan Wiesend arbeitet seit 2003 als freier Fachautor und schreibt für Magazine und Webseiten wie Macwelt, Maclife und Computerwoche regelmäßig Artikel rund um die Themen iOS und macOS.

© 2018 Stiftung Warentest, Berlin

Stiftung Warentest
Lützowplatz 11–13
10785 Berlin
Telefon 0 30/26 31–0
Fax 0 30/26 31–25 25
www.test.de
email@stiftung-warentest.de

USt-IdNr.: DE136725570

Vorstand: Hubertus Primus
Weitere Mitglieder der Geschäftsleitung:
Dr. Holger Brackemann, Daniel Gläser

Alle veröffentlichten Beiträge sind urheberrechtlich geschützt. Die Reproduktion – ganz oder in Teilen – bedarf ungeachtet des Mediums der vorherigen schriftlichen Zustimmung des Verlags. Alle übrigen Rechte bleiben vorbehalten.

Programmleitung: Niclas Dewitz

Autor: Stephan Wiesend
Projektleitung / Lektorat: Johannes Tretau
Mitarbeit: Merit Niemeitz
Korrektorat: Nicole Woratz, Berlin
Titelentwurf: Sylvia Heisler
Layout, Grafik, Satz: Sylvia Heisler
Screenshots: Stephan Wiesend
Bildnachweis: Apple Computer Inc. (S. 94, 111, 118, 126, 141, 165)

Produktion: Vera Göring
Verlagsherstellung: Rita Brosius (Ltg.), Susanne Beeh, Romy Alig
Litho: tiff.any, Berlin
Druck: Media-Print Informationstechnologie GmbH, Paderborn

ISBN: 978-3-86851-245-8

Wir haben für dieses Buch 100 % Recyclingpapier und mineralölfreie Druckfarben verwendet. Stiftung Warentest druckt ausschließlich in Deutschland, weil hier hohe Umweltstandards gelten und kurze Transportwege für geringe CO_2-Emissionen sorgen. Auch die Weiterverarbeitung erfolgt ausschließlich in Deutschland.